青少年美德读本

◎赵慧/主编

山东城市出版传媒集团·济南出版社

图书在版编目（CIP）数据

青少年美德读本 / 赵慧主编. — 济南：济南出版社，2019.8

ISBN 978-7-5488-3911-8

Ⅰ. ①青… Ⅱ. ①赵… Ⅲ. ①德育-中学-课外读物 Ⅳ. ①G631

中国版本图书馆 CIP 数据核字（2019）第 191491 号

责任编辑 秦　天　戴　月
装帧设计 谭　正
出版发行 济南出版社
地　　址 济南市二环南路 1 号（250002）
发行热线 0531-86131701　67817923　86922073
编辑热线 0531-86131720
印　　刷 济南万方盛景印刷有限公司
版　　次 2019 年 9 月第 1 版
印　　次 2019 年 9 月第 1 次印刷
规　　格 170 毫米×240 毫米
印　　张 6.25
字　　数 100 千字
定　　价 19.80 元

前　言

几千年来，中国人一直把立德视为做人的根本、事业的基石，并且探索总结了一整套立德的原则和方法，如见贤思齐、反求诸己、改过迁善、慎独砥砺等，为我们留下了极其丰富深刻的思想成果。新时代，传承和发扬美德，扣好人生第一粒扣子，这对青少年培养提出了更高要求。党的十九大报告提出：要落实立德树人根本任务，培养担当民族复兴大任的时代新人。这是新时代教育教学改革要着力实现的工作目标和根本任务，也是对“培养什么人”“怎样培养人”“为谁培养人”的一种积极回应。人的品德形成是一个由初始到经常、由他律到自律的过程，它不适合“说教”，更适合“亲身体验与感悟”。所以，有效开发和利用青少年思想品德课程资源，让孩子们在喜闻乐见的学习中明理，将美好品德内化于心、外展于行势在必行。

习近平总书记在全国教育大会上指出培养什么人是教育的首要问题，强调要在加强品德修养上下功夫，教育引导学生培育和践行社会主义核心价值观，踏踏实实修好品德，成为有大爱大德大情怀的人。据此，本书依据培养时代新人应该具备的核心品德素养及中小学思想品德课程标准要求，针对中小学生认知能力，梳理出学生应具备的十大核心美德，即尊严、责任、信念、意志、自律、友情、合作、诚信、宽容、感恩，并围绕十大美德选择近百篇集教育性、趣味性于一体的小故事、小寓言和经典古文等进行深入挖掘解读，形成十个主题篇章。本书的编写目的在于阐释那些能够构成人类文化、历史以及优良传统的普遍美德，以培养青少年高尚的品德，使他们树立正确的人生观、价值观，让人生有意义。

本书每个主题单元包含主题导入、故事沙龙、智慧悟语、尝试体验、拓展链接五个板块。依据阅读的逻辑和学生成长需要，先安排“主题导入”，从“是什么”“为什么”层面对主题内容进行说明；再安排“故事沙龙”，形象生动地阐释主题美德；然后依据故事中具有成长、教育意义的内容，设置“智慧悟语”，引导学生对故事进行深入思考，并落实到行动上。每个单元之后都设置了“尝试体验”板块，引导学生通过实践性活动学以致用。单元最后列出“拓展链接”，为孩子们安排了经典释读、推荐电影及书目。这样的安排不仅可以激发孩子的学习兴趣，更丰富了单元学习的内容及形式。

本书既是一本帮助青少年培养尊严、自律、责任、诚信、意志、友情、合作、信念、宽容、感恩等做人品德的励志读物，也是独具特色的生活化教育教学资源，可以作为一线教师教学的辅助资源。

学生是家长的希望、国家的未来，而学生的成长离不开家庭、学校和社会的共同塑造，更离不开学生的自我修炼。愿此书能为广大的青少年学生做人做事提供有益的引导。

目录

第一单元　尊　严

文天祥“时穷节乃见，一一垂丹青”的坚持，叶挺将军“人的躯体哪能由狗的洞子爬出”的怒吼……仁人志士不惜用生命去捍卫神圣的尊严。那么，何谓尊严？尊严指人和具有人性特征的事物，拥有应有的权利，并且这些权利被其他人和具有人性特征的事物所尊重。对个人来讲，尊严就是权利和人格被尊重，它是一个人自尊、自强、自立的精神，是一种高尚的人格。

主题导入

英国作家约翰·高尔斯华绥说：“人受到震动有种种不同：有的是在脊椎骨上，有的是在神经上，有的是在道德感受上，而最强烈的、最持久的则是在个人尊严上。”尊严很重要，它是成功之本、信念之源。人只有拥有尊严，才会更加自信，有了自信才有可能获得成功。假如失去了尊严，就失去了高尚的情操，生存的意义，生活的价值；如果人没有了尊严，就像树失去了根，河失去了源头，即便活在世上，灵魂也早已死亡。因此，我们一定要维护尊严，任何时候都不能放弃尊严！

故事沙龙

爱慕虚荣的金丝雀

一只金丝雀站在一个装饰精美的笼子里细心梳理自己的羽毛，它感到非常无聊和疲惫。因为它的主人每天上班之前都会强求它唱几支婉转悦耳的歌曲，跳几支激情四射的舞蹈。主人说，只有自己高兴了，它才可以获得更多赏赐。所以，金丝雀为了博取主人欢心，每天都要绞尽脑汁，卖力施展自己的才华。等主人离开之后才可以稍作休息，然后待在笼子里度过寂寞而冷清的一天。

一天，主人又走了，只剩下孤零零的金丝雀守护着整个大院。这时，一只小麻雀飞过来对它说：“刚才我听到你美妙的歌声了，所以特来邀请你去参加我们的歌咏比赛，凭借你的实力，相信你一定会夺冠。”金丝雀却冷冷地说：“你是哪儿来的小草雀，我怎么会和你们这些无名之辈混在一处，你马上离开，否则我就不客气啦！”

小麻雀并不生气，它向四周看了看说：“这里没有青青的小草，没有艳丽的鲜花，更没有伙伴，你不觉得你的生活很无聊吗？”

金丝雀却不屑一顾地说：“你能拥有这座漂亮的小房子吗？你能佩戴上这条金光闪闪的脚链吗？你能不用飞东飞西就填饱肚子吗？我的选择你永远不懂。”

启迪 故事中金丝雀为了获取锦衣玉食的生活而出卖了自己的尊严。这是一种追求表面光彩的虚荣心，是一种不健康的心理状态。像这种没有尊严、不劳而获的生活方式，尽管有可能让它获得短期的虚荣和满足，却给不了它长久的幸福。想要尊严，首先得自尊，像金丝雀这种没有尊严的选择是不值得他人尊重的。

不吃“嗟来之食”

战国时期，连年战争，加上大旱天灾，穷人们缺吃少穿，饥寒交迫，濒临死亡边缘，而富人家的粮食却堆积如山。有一个富人，名叫黔敖，毫无怜悯之心，看到穷人快要饿死了反而幸灾乐祸。他把做好的窝窝头摆在家门口，每当饥民走过时便丢过去一个窝窝头，大喊：“叫花子，快点吃吧！”有时，看到一群饥民经过，他便故意只扔出一个窝窝头让饥民们争抢，自己在一旁哈哈大笑。一天，一个头发凌乱、衣衫褴褛、瘦骨嶙峋的饥民摇摇晃晃地走了过来，黔敖看着他站立不稳的样子，随手拿出两个窝窝头扔了过去，并大声吆喝道："喂，过来吃吧！"饥民毫不理会。于是他又叫道："叫花子，听到没有呀，我给你吃的呢！"这时那饥民双眼怒睁，瞪着黔敖说："快收起你那点施舍的东西吧，我宁愿饿死也不会吃这样的嗟来之食！"

弯腰拾起尊严

一位挪威男子为了报考巴黎音乐学院，来到法国，但没能被录取。此时的他身无分文，饥肠辘辘，于是，便走到学院外一条繁华的街道上，忍着饥饿在一棵树下拉响了手中的琴。他拉了一曲又一曲，优美的旋律吸引了无数人驻足聆听，人们纷纷掏出钱来，放在男子前面的琴盒里。一个无赖鄙夷地将钱扔在青年男子的脚下。青年男子看了看无赖，弯下腰拾起地上的钱，递给他说："先生，您的钱丢在地上了。"无赖接过钱，重新扔在青年男子脚下，傲慢地说："这钱已经是你的了，你必须收下！"青年男子再次看了看无赖，对他鞠了个躬说："先生，谢谢您的资助！刚才您掉了钱，我弯腰为您捡起。现在我的钱掉在了地上，麻烦您也为我捡起！"无赖被青年出乎意料的举动震撼了，最终捡起地上的钱放入青年男子的琴盒，然后灰溜溜地走了。

启迪 当我们陷入生活低谷的时候，有时会招致一些无端的蔑视；当我们处在为生存苦苦挣扎的关头，有时会遭遇肆意践踏你尊严的人。故事中的富人和无赖以救世主自居，将救济他人变成一种廉价的施舍，践踏了他人的尊严，而饥民和青年男子则用不卑不亢、铿锵有力的言行维护了自己无价的尊严！

有尊严的人有强烈的荣辱感，懂得自爱、自强，能时刻用正确的言行来维护自己的人格和尊严，在任何困难无助的时刻都不会允许他人随意践踏自己的尊严。

找回的尊严

一个乞丐正跪在地铁通道上摆铅笔摊乞讨。这时，一个商人走了过来，他丢下一元钱就匆匆离开了，但过了一会儿，又跑了回来，他认真地对乞丐说："我俩都是商人，都是卖东西的，我刚才付给了你一元钱，却没拿东西，现在我就要拿走。"说着，他蹲下来，挑了几支铅笔走了。

乞丐听完商人的话后非常震动。这是第一次有人称他为"商人"，第一次有人说他"卖东西"，于是他一下子找到了尊严。他迅速地站起来，掸掸身上的土，开始认真经营起自己的铅笔摊。经过几年努力，他变成了名副其实的大商人。在一个著名的商界洽谈会上，他再次遇到了那位商人。他毕恭毕敬地走过去，深深地鞠了一躬，充满感激地说："先生，谢谢您！是您让我找回了做人的尊严！"

启迪 是的，尊严就是有如此大的力量，它可以改变一个人的命运。它能够让乞丐变成商人，也能让一个人变成失去灵魂的乞丐。这位乞丐的经历让我们更加明白了尊严是一种自立、自强的精神，是催人奋进的力量。有尊严的人不论在什么情况下都不会去做摇尾乞怜的可怜虫，困难的经历反而会激励他们积极向上，因为尊严能使人产生巨大的动力，催人奋进。

人才还是蠢材

我国杰出的画家徐悲鸿在欧洲留学时，中国正值军阀混战、贫穷落后之时，国家在世界上没有地位，在外国的中国留学生也受到他人的歧视。

在一次留学生聚会上，一个西方留学生站起来挑衅说："中国人又蠢又笨，只配当亡国奴，就是把他们送到天堂里去深造，也成不了才！”坐在一旁的徐悲鸿被激怒了，他走到这个洋学生面前，大声说：“先生，你不是说中国人不行吗？那么，我代表我的祖国，你代表你的国家，我们比一比，等学习结业时，看看到底谁是人才，谁是蠢材！”从此，徐悲鸿学习更勤奋了。他的勤奋好学感动了法国画家达仰，达仰非常喜欢徐悲鸿，他主动邀请徐悲鸿在他画室里画画，并亲自给予指导。有志者，事竟成。1924年，徐悲鸿的油画成功在巴黎展出。这时，那个在大家面前大骂中国人无能的洋学生，不得不承认自己不是中国人的对手。

启迪 有国才有家，无论在什么情况下，我们都不能做出有损国格的事情。当祖国的尊严和荣誉受到挑衅的时候，徐悲鸿用自己的努力和成就捍卫了国家的尊严，也赢得了别人的尊重。没有国家的尊严，就谈不上个人的尊严。因此，作为一名中国人，我们不仅要维护自己的尊严，更要学会维护国家的尊严。

智慧悟语

尊严是一种坚贞不屈的高贵气节，它是不容践踏的，有气节的人视它为生命。在“故事沙龙”里，我们看到了在大是大非面前，有许多志士仁人视尊严如生命，他们宁为玉碎，不为瓦全，在历史的长河中留下了千古美谈；也看到了在平凡的日常生活中，有些人能够脱颖而出，突显骨气，体现了人格尊严，绘就了动人的篇章。尊严是做人的基本准则，是为人处世的底线。作为学生，我们应该自尊自爱，通过自己的执着追求、勤奋学习，努力在各方面提高自己、完善自我，赢得他人的尊重，过有尊严的生活。

尝试体验

1. 在下列情境中，你会怎样做?

★在升旗仪式上，老师让我做演讲，我会________________。

★在阅览室，我会__________________________。

★期中考试考了好成绩，我在家里和学校希望得到________。

★父母在朋友面前揭我的短，我会___________________。

2. 建立“自尊花园”，结合个人生活实际，写出在以后的学习和生活中赢得自尊的具体做法，并签上自己的名字贴到“自尊花园”里，指导自己以后的行为。

拓展链接

1. 经典释读

咬定青山不放松，立根原在破岩中。

千磨万击还坚劲，任尔东西南北风。

——郑燮《竹石》

【释义】 竹子抓住青山一点也不放松，它的根牢牢地扎在岩石缝中。经历成千上万次的折磨和打击，不管是酷暑的东南风，还是严冬的西北风，它都经受得住，仍然坚韧挺拔，顽强地生存着。

人必自侮然后人侮之，家必自毁而后人毁之，国必自伐而后人伐之。

——《孟子》

【释义】 一个人必然是自己招致侮辱，人家才来侮辱他；一个家必然是自己招致毁败，人家才来毁败它；一个国家必然是自己招致讨伐，别人才来讨伐它。

2. 推荐阅读

（1）《我们要活得有尊严》　作者：柏杨

在本书中，柏杨先生幽默风趣，字里行间充满智慧。他把关注的目光投向当代人的亲情、婚姻和衣食住行等方面。从书中可以看到柏杨先生对中国文化和中国民族性的不懈探索。

（2）《尊严》　作者：【美】唐娜·希克斯

本书讲述了如何看待尊严、尊严在日常生活中所发挥的作用、尊严所拥有无穷力量的方式等，并且告诉我们如何在自己的业务、家庭、学校、社区、政治以及个人生活领域中践行对尊严的敬重。

3.推荐观看

（1）电影《八只鸡》

影片讲述了一个发生在21世纪初的南方小镇上，8岁男孩宁小山在卖鸡过程中所遭遇的各色人物、社会风情以及征服恐惧的故事，表达了一个在缺乏父亲庇护条件下的孩童，如何维护自己的尊严以及独自成长的主题。

（2）电影《当幸福来敲门》

影片取材自真实故事，主角是投资专家克里斯·加德纳。影片讲述了他如何从一位濒临破产、老婆离家的落魄业务员，奋发向上成为股市交易员，最后成为知名的金融投资家的励志故事。

第二单元 责 任

2013年5月4日，习近平总书记在同各界优秀青年代表座谈时谈到，“时代赋予我们青年人一份沉甸甸的责任”。何谓责任？责任是对一个人做或不做某些事的要求，它产生于人与人之间的相互关系之中，表现在社会生活的方方面面。责任是担当，是付出，是分内应做的事情，是承担应当承担的任务，完成应当完成的使命，做好应当做好的工作。一代人担负一代人的责任，这是国家、民族发展的动力所在。

主题导入

林肯曾说："每一个人都应该有这样的信心：人所能负的责任，我必能负；人所不能负的责任，我亦能负。如此，你才能磨炼自己，求得更高的知识而进入更高的境界。"在人生的旅途中，责任是燃烧在我们心中的熊熊火焰，它照亮了我们前进的道路；是人生大海中的灯塔，引领我们心灵之舟的金色航向；更是前进过程中取之不尽、用之不竭的力量源泉。我们生活在社会中，每个人与他人都有或近或远的关系，都因不同的社会身份而负有不同的责任。责任只有轻重之分，而无有无之别，它是神圣的，不以人的意志为转移。

故事沙龙

人生的石子

有位中年人感觉生活压力太大，自己活得毫无意义，想要寻求一种解脱的方法，因此向一位智者求教。智者给了他一个篓子，让他背在肩上，并指着前方一条坎坷的道路说："每当你向前走一步，就要弯下腰来捡一颗石子放到篓子里，然后你来看看会有什么感受。"

中年人按照智者的指示去做，当篓子装满石头后，智者问他这一路走来有什么感受。他回答说："感到越走越沉重。"于是智者说："我们每一个人来到这个世上时，都背负着一个空篓子。我们每往前走一步就会从这个世界上捡一样东西放进去，因此才会有越来越累的感慨。”中年人又问：“那么有什么方法可以减轻人生的重负呢?”智者反问他说：“你是否愿意将名声、财富、家庭、事业、朋友拿出来舍弃呢?”那人答不上来。智者又说：“每个人的篓子里所装的，都是自己从这个世上寻求来的东西，一旦拥有它，就对它负有责任，既然是责任，就不能因为沉重而放弃呀!”

启迪 正如智者所言，“每个人的篓子里所装的，都是自己从这个世上寻求来的东西，一旦拥有它，就对它负有责任”。虽然责任有时就像“石子”一样重重地压在我们身上，却是我们一定要背负的。责任伴随我们成长的每一刻，并且会因社会角色的不同、年龄的增长、生活经历的变化及所处社会关系的不断扩展变化等而变化。但不论怎样变化，我们都应勇敢承担起属于自己的那份责任。

生命最后一分钟

大连市公汽联营公司702路422号双层巴士司机黄志全，在行车的途中突然心脏病发作。在生命的最后一分钟里，他做了三件事情：把车缓缓地停在了路边，并用生命的最后力气拉下了手动刹车闸；把车门打开，让乘客安全地下了车；将发动机熄火，确保了车辆和乘客的安全。这个平凡的司机在做完这三件事后安详地趴在方向盘上停止了呼吸。

守岛为国

开山岛——弹丸之地，面积仅有13000平方米，相当于两个足球场大小。

坐落在距离江苏省连云港燕尾港12海里的黄海海面上。1939年，侵华日军从灌河口登陆，首先就是占领了开山岛。岛虽然小，却是军事要塞连云港的右翼前哨阵地。

王继才，出生于江苏省连云港市灌云县的一位中国共产党党员，自1986年就担负起守卫黄海前哨开山岛的重任。每天早晨，王继才和妻子王仕花5点起床，6点半准时升旗，365天无论刮风下雨从未间断。一人升旗、一人敬礼，没有国歌伴奏，却庄严肃穆。他们每天按时巡岛，护航标、写日志，与走私、偷渡等不法分子做斗争。守岛32年（截至2018年），他们每天都重复着同样的工作却毫无怨言。他和妻子舍小家为国家，以海岛为家，与艰苦为伴，把毕生精力献给了祖国海防事业，向党和人民交出了一份爱国奉献的忠诚答卷。

启迪 在生命的最后一分钟里，黄志全所做的三件事确保了车辆和乘客的安全；王继才和他的妻子，32年如一日坚守在无人小岛，用善良和纯朴，温暖了祖国的这片海。美好的人性和人性的美好在他们身上得到了诗一般的表现与升华，这就是一种责任。生命不息，尽责不止！每个人都承担着各种各样的责任，承担责任会付出一定的代价，有时甚至是生命的代价，但是不能因此逃避责任。勇敢地承担起责任，才能具有驱动自己一生都勇往直前的不竭动力，感受到自我存在的价值和意义，真正得到人们的信赖和尊重，促进社会文明、进步和发展。

不是我的错

三只老鼠一同寻找食物，发现一瓶油，可是油瓶太高，于是它们决定叠罗汉，大家轮流喝。一只老鼠刚爬到另外两只的肩膀上，“胜利”在望之时，不知什么原因，油瓶倒了，引来了人，它们落荒而逃。回到鼠窝，它们开会讨论失败的原因。最上面的老鼠说：“不是我的错，因为下面的抖了一下，所以我碰倒了油瓶。”中间那只老鼠说：“不是我的错，我感觉到下面的抽搐了一下，于是我就抖了一下。”而最下面的老鼠说：“不是我的错，我好像听见猫的叫声，所以抽搐了一下。”它们果真都没有错？

小铁钉与大王朝

为抢夺英国的权杖，英格兰的王室查理三世与加斯特家族的亨利伯爵厮杀了30年。1485年的冬季，在波斯沃斯城的荒原上，一场关乎双方最后较量的大决战打响了。两军对垒，但见刀光剑影、旌旗飞舞；只闻战马萧萧、锣鼓铿锵。查理三世气宇轩昂，策长鞭，挥长剑，主动迎战，千军万马紧随其后；而亨利军队则连连后退。在亨利军队身后的不远处，是一片辽阔的沼泽，泛着绝望的寒光。

查理三世似乎已经看到了胜利女神灿烂的微笑。突然，坐下战马一个趔趄，查理三世跌翻在地。众官兵误以为统帅中箭身亡，顿时军心大乱。亨利趁势大举反攻，在阵前生取查理首级。亨利不仅化险为夷，而且从此将英格兰置于都铎王朝的统治之下。

查理三世缘何一失足成千古恨？原来，决战前夕，马夫在给查理三世的战马替换铁掌时，少了一枚钉子，一时寻觅不得，马夫便草草地将就过去了。谁料到，就在发起总攻的关键时刻，那只少钉了一枚铁钉的马掌偏偏松掉了。马既失蹄，查理三世安能不摔倒在地？后人把这段真实却又无情的历史编写成一首古老的英格兰民谣，数百年来广为传唱。

少了一枚铁钉，掉了一只马掌；

掉了一只马掌，瘸了一匹战马；

瘸了一匹战马，败了一次战役；

败了一次战役，丢了一个国家。

启迪 生活中很多错误发生的原因，或许是像小老鼠那样，没有承担起自己的责任，想出各种理由逃避推卸责任，引发一系列连锁反应，正如马夫少钉了一枚铁钉，致使战役惨败。“小洞不补，大洞难堵。”“千里之堤，溃于蚁穴。”小的责任感缺失也会带来大的灾难。

责任产生于人与人之间的相互关系中，表现在社会生活的方方面面，所以一个人不能很好地履行责任必然带来一定的后果，不仅会失去别人的信任，得不到别人的帮助和支持，伤害到自己，还可能对他人和社会造成严重危害，带来更大的损失。

小鱼在乎

在暴风雨后的一个早晨，一个男人来到海边散步。他注意到有许多被昨夜的暴风雨卷上岸来的小鱼被困在浅水洼里。被困的小鱼也许有几百条，甚至几千条。用不了多久，浅水洼里的水就会被沙粒吸干，被太阳蒸干，这些小鱼都会干死的。这时，他忽然看见前面有一个小男孩，不停地在每一个水洼旁弯下腰，捡起水洼里的小鱼，并且用力把它们扔回大海。这个男人忍不住走过去说：“孩子，这水洼里有几百几千条小鱼，你救不过来的。”

“我知道。”小男孩头也不抬地回答。

“哦？你为什么还在扔？谁在乎呢？”

“这条小鱼在乎！”男孩一边回答，一边捡起一条鱼扔进大海。

“这条在乎，这条也在乎！还有这一条，这一条，这一条……”

启迪 拯救一条小鱼，看似是微不足道的小事，却折射出小男孩身上的责任心和爱心。有的人总是抱怨自己没有生于乱世，否则自己也会成为英雄。其实真正有责任感的人无论在什么时代都会用实际行动演绎一个大写的人，就像小男孩一样从救起一条小鱼开始。在生活中，我们首先应清醒认识自己应负的各种责任，并时刻想着履行责任，树立起强烈的责任意识。从现在做起，从点滴小事做起，才能逐步养成负责任的习惯。

智慧悟语

责任，始于生而终于死，它贯穿人们生命历程的全部。在“故事沙龙”里，我们了解了承担责任意味着什么，逃避责任会有怎样的后果，更明白了应该怎样承担起自己的责任。责任是一盏航标灯，有了它，生命之旅便不会迷失方向；责任是一副担子，扛起它，我们才会拥有充实而有价值的人生。渐渐长大的我们，要努力让自己成为一个负责任的人：在家庭中孝敬父母、尊老爱幼；在学校里认真听课、独立完成作业；在社会生活中遵守秩序，自觉排队，服务社会……我们只有不断培养自己的责任意识，从点滴小事做起，持之以恒，才可能成为一个负责任、敢担当的好少年！

尝试体验

1. 请认真梳理自己的生活经历，以“学会承担责任”为题写一篇小论文。

（提示：可以重点思考“我已经承担了哪些责任？我还没有自觉承担哪些责任？我在承担责任时，最真实的体验和感悟有哪些？我的责任意识和履行责任的能力如何?”等。）

2. 以班级或小组为单位组织一次社会公益活动，并将自己参加活动的过程和体会记录下来。

拓展链接

1. 经典释读

居其位，安其职，尽其诚而不逾其度。

——王夫之《读通鉴论》

【释义】 居其位——敬业，对所从事的专业工作全心全意；安其职——责任，就是应尽的职责、应承担的义务；尽其诚——忠诚，对待工作必须具备“忠诚”的品质。居其位，安其职，尽其诚就是一个人实现人生价值、体现人生责任感的实践和行动。

士不可以不弘毅，任重而道远。仁以为己任，不亦重乎？死而后已，不亦远乎?

——《论语》

【释义】作为一个士人，一个君子，必须要有宽广、坚忍的品质，因为自己责任重大，道路遥远。

保国者，其君其臣肉食者谋之；保天下者，匹夫之贱与有责焉耳矣。

——顾炎武《日知录》

【释义】保护一个朝代不致被倾覆，是帝王将相和文武大臣的职责，与普通人无关；而天下（国家）的兴盛、灭亡，关乎所有人的利益，因此，每一个人都有义不容辞的责任。即所谓“天下兴亡，匹夫有责”。

2.推荐阅读

(1)《责任的担当》　作者：曾国平

本书指出社会、全世界要认识责任、明白其意义，并引导人们反思为什么还有那么多的人不负责任，甚至做出与负责任相反的事来，从而指出：这是因为知道了意义，懂得了道理，却不愿意去担当！责任，担当才是硬道理！

(2)《犬王麦穗》　作者：沈石溪

塔农老爹的狗产下十只喜马拉雅犬，传说七七四十九天后狗崽们会互相打斗，打死所有狗的就是“獒”。然而，塔农老爹砸死即将成为獒的狗崽，给幸存的这只狗起名叫麦穗。麦穗不负众望，获得犬王的称号。但后来它勾结二十多只野犬偷盗奶牛并将其大卸八块。被主人发现后，它被赶走了。塔农为了赔偿村民，只身上山挖雪灵芝，没想到遭遇狼的袭击，就在生死存亡的时刻，麦穗出现了……本书讲述了人与动物、动物与动物之间的爱与忠诚、责任与担当。

3.推荐观看

(1)电视节目《朗读者》(2018年7月14日央视播出)

吴孟超——愿善尽治病救人的天职。通过本期故事,了解吴老尽职尽责的感人事迹。

吴孟超,被誉为“中国肝脏外科之父”。无数的第一和荣誉,使得吴孟超成为肝脏外科研究上的世界巨人。但对吴老来说,他的眼里、心里,只有病人,他总说:“我想背着每一位病人过河。”时年96岁高龄的吴孟超,拯救了超过1.5万位患者的余生,依旧保持着每周门诊、每年约200台手术的惊人工作量。

(2)电影《辛德勒的名单》

《辛德勒的名单》以高度纪实的手法,刻画了“二战”时德国人辛德勒冒着生命危险,倾注所有财力和智慧,营救数百位犹太人生命的真实故事。在一些有责任感的人看来,有些事未必做得成,但却必须去做。对于辛德勒来说,救助落难的犹太人就是作为一个真正的人的责任。

第三单元　信　念

信念指人们对某种观点、原则和理想等形成的真挚信仰，它是一个人的精神支柱，是意识的核心部分。就其内在产生过程看，它指人们对基本需要与愿望强烈的坚定不移的思想情感意识；就外在表现看，它指人们在行为中对相应目标事物所具有的坚定的评价和行为倾向。当我们确认某种思想、某种理论和某种事业是正确的、是真理，并去自觉维护这种思想理论和事业时，就意味着确立了信念。

主题导入

习近平总书记告诫青少年："'功崇惟志，业广惟勤。'理想指引人生方向，信念决定事业成败。没有理想信念，就会导致精神上'缺钙'。"信念，是成功的起点，是撑起人生大厦的坚强支柱。在人生的旅途中，不可能总是一帆风顺、事遂人愿。在生命面前，人人都是平等的，而能否书写出生命最好的篇章，能否勇敢地走下去，却取决于是否有明确而坚定的信念。当你勇敢地为心中信念而努力奋斗时，"整个宇宙都会联合起来帮助你"。

故事沙龙

罗森塔尔效应

美国心理学家罗森塔尔和助手们来到一所小学，说要进行7项实验。他们从一至六年级各选了3个班，对这18个班的学生进行了"未来发展趋势测验"。之后，罗森塔尔以赞许的口吻将一份"最有发展前途者"的名单交给了校长和相关老师，并叮嘱他们务必要保密，以免影响实验的正确性。其实，罗森塔尔撒了一个"权威性谎言"，因为名单上的学生是随便挑选出来的。8个月后，罗森塔尔和助手们对那18个班级的学生进行复试，结果奇迹出现了：凡是上了名单的学生，个个成绩都有了较大的进步，且性格活泼开朗，自信心强，求知欲旺盛，更乐于和别人打交道。可见，罗森塔尔的"权威性谎言"发挥了作用。

给自己树一面旗帜

罗杰·罗尔斯是美国纽约州历史上第一位黑人州长，他出生在纽约声名狼藉的大沙头贫民窟，这里环境肮脏，充满暴力，是偷渡者和流浪汉的聚集地。在这儿出生的孩子从小就逃学、打架、偷窃，甚至吸毒，长大后很少有人从事体面的职业。但罗杰·罗尔斯是个例外，他不仅考入了大学，而且成了州长。在就职仪式的记者招待会上，一位记者向他提问：是什么把你推向州长宝座的？面对三百多名记者，罗尔斯对自己的奋斗史只字未提，只谈到了他上小学时的校长——皮尔·保罗。

1961年，皮尔·保罗被聘为诺必塔小学的董事兼校长。当时正值美国嬉皮士流行的时代，他走进大沙头诺必塔小学的时候，发现这儿的穷孩子比“迷惘的一代”还要无所事事。他们不与老师合作，旷课、斗殴，甚至砸烂教室的黑板。皮尔·保罗想了很多办法来引导他们，可是没有一个是奏效的。后来他发现这些孩子都很迷信，于是在他上课的时候就多了一项内容——给学生看手相。他用这个办法来鼓励学生。当罗尔斯从窗台上跳下，伸着小手来到讲台时，皮尔·保罗说：“我一看你修长的小拇指就知道，将来你会是纽约州的州长。”当时，罗尔斯大吃一惊，因为长这么大，只有他奶奶让他振奋过一次，说他可以成为五吨重的小船的船长。这一次，皮尔·保罗先生竟说他可以成为纽约州的州长，着实出乎他的预料。他记下了这句话，并且相信了它。从那天起，“纽约州州长”就像一面旗帜指引着罗尔斯前进的方向。之后的罗尔斯，衣服不再沾满泥土，说话时也不再夹杂污言秽语。他开始挺直腰杆走路，在以后的四十多年间，他没有一天不按州长的身份要求自己。五十一岁那年，他终于成了州长。

启迪 你期望什么，就会得到什么，这就是“罗森塔尔效应”，其实这就是一种信念。罗杰·罗尔斯的经历正是对信念的真实诠释。信念可以指导我们的行为，有信念就是相信自己，相信自己的人就会产生一种暗示，能够精神振奋、自我激励、努力奋斗、不断进步、不言放弃，并最终获得成功。

神奇的苹果

一位旅行者在沙漠中旅行，一场突如其来的沙漠风暴让他迷失了前进方向。更可怕的是，旅行者装水和干粮的背包也被风暴卷走了。他翻遍身上所有的口袋，只找到了一个青青的苹果。“啊，我还有一个苹果！”旅行者惊喜地叫着。

他紧握着那个苹果，独自在沙漠中寻找出路。每当干渴、饥饿、疲乏袭来的时候，他都要看一看手中的苹果，抿一抿干裂的嘴唇，然后鼓励自己：我还有一个苹果。这个充满希望的苹果为他增添了不少前进的力量。一天过去了，两天过去了，到了第三天，旅行者终于走出了荒漠。而那个他始终未曾咬过一口的青苹果，也已经干巴得不成样子，此时的他却宝贝似的紧紧攥在手里，久久地凝视着。

水壶的魅力

一支英国探险队来到了撒哈拉沙漠的某个地区，在茫茫的沙海里负重跋涉。漫天飞舞的沙粒像炒红的铁砂一般，扑打在探险队员脸上。大家带的水都没有了，却找不到水源，心急如焚。这时，探险队队长拿出了一只水壶对大家说：“我这里还有一壶水，但在穿越沙漠之前，谁也不能喝。”这个水壶在队员手中传递着，那沉甸甸的感觉让队员们濒临绝望的脸上，又显露出生机和坚定。最终，探险队顽强地走出了沙漠。摆脱死神之后，大家喜极而泣，他们用颤抖的手拧开那支撑他们精神和信念的水壶——缓缓流出来的竟然是满满的一壶沙。一壶并不存在却充满希望的水，成了穿越沙漠的信念的源泉，成了求生者所寄托的希望。

启迪 沙漠中的青苹果和水壶竟然会有如此不可思议的神奇力量，让沙漠中的旅行者和探险队员在绝境中生存了下来。是的，这就是信念的力量！当我们面对生活中的恶劣环境、巨大困难时，信念就会成为一种指导原则和信仰，让我们获得一种强有力的精神力量，勇敢地战胜困难和挫折，创造生命的奇迹。所以，无论面对怎样的环境，面对多大的困难，都不能放弃你的信念，放弃对生活的热爱。

挣不开的铁链

一个小孩在看完马戏团精彩表演后，随父亲到帐篷外拿干草喂表演完的动物。小孩注意到一旁的大象群，于是问父亲：“爸，大象那么有力气，为什么它们的脚上只系着一条小小的铁链却都这样老实？难道它们无法挣开那条铁链逃跑吗？”

父亲笑了笑，耐心地为孩子解释：“没错，现在大象是能挣开那条细细的铁链。但在大象还小的时候，驯兽师就是用同样的铁链来拴住小象，那时候的小象，力气还不够大，它们起初也想挣脱铁链的束缚，可是试过几次以后，知道自己的力气不足以挣开铁链，也就放弃了挣脱的念头，等小象长成大象后，它们就甘心受那条铁链的束缚，而不再想逃脱了。”

一支断箭

春秋战国时期，一位父亲和他的儿子出征打仗。父亲已做了将军，儿子还只是马前卒。又一阵号角吹响，战鼓雷鸣，父亲庄严地托起一个箭囊，其中插着一支箭。父亲郑重地对儿子说：“这是家传宝箭，配带在身上，力量无穷，但千万不可抽出来。”

那是一个极其精美的箭囊，厚牛皮打制，镶着幽幽泛光的铜边。再看露出的箭尾，一眼便能认定是用上等的孔雀羽毛制作。儿子喜上眉梢，贪婪地推想箭杆、箭头的模样，耳旁仿佛有箭声嗖嗖地掠过。

果然，配带宝箭的儿子英勇非凡，所向披靡。当鸣金收兵时，儿子再也禁不住得胜的豪气，完全忘记了父亲的叮嘱，强烈的欲望驱使着他呼一声就拔出宝箭，试图看个究竟。骤然间他惊呆了——一支断箭，箭囊里装着一支折断的箭。我一直挎着支断箭打仗呢！儿子吓出了一身冷汗，就像顷刻间失去支柱的房子，意志轰然坍塌了。儿子仿佛被抽空精神，猝不及防，被流矢射中，惨死于乱军之中。

启迪 真的是“挣不开的铁链”和“折断的箭”让故事中的大象心甘情愿被束缚，让战场上的儿子惨死于乱军吗？当然不是，打倒他们的是自己心中信念的坍塌。一个人丧失信念，也就是失去了追求目标的执着和力量，便不可能有任何出色的成就，就会走向平庸，甚至会丧失生存下去的勇气和信心。其实，很多时候，打败自己的不是外部的因素，正是自己信念的丢失。因此，人生从来没有真正的绝境，请你相信，只要心中还怀着一粒信念的种子，那么总有一天，我们终能走出困境，让生命重新开花结果。

智慧悟语

信念会影响我们的情绪，引导我们的行动。当我们内心有了坚定的信念后，就能让自己变得更加自尊、自爱、自信、自强。通过不懈的努力，信念能让我们各方面得到异乎寻常的进步。在人生的旅途中，你究竟是选择放弃信念，迷失在生命的分岔口上，失去自我，失去活的意义，还是会选择勇敢地走下去，不管出现什么，始终坚定自己选择的正确信念，时刻默念它走在生命途中，实现人生的价值和意义？在“故事沙龙”里我们找到了答案。人生因信念而伟大，一个人在走向成功的途中，可以一无所有，但不能没有信念。作为中学生应不怕艰难，不怕劳累，怀抱坚定的信念，通过自己的坚持和努力，走向成功的巅峰。那时你会发现，曾经一切的努力都是值得的。

尝试体验

1.以“信念、行动、成功”为题目撰写一个演讲稿。

2.组织开展一次关于“心想事成——学会积极的心理暗示”的心理活动课。

拓展链接

1.经典释读

士之特立独行，适于义而已，不顾人之是非，皆豪杰之士，信道笃而自知明者也。

——韩愈《伯夷颂》

【释义】能够特立独行而不随波逐流，按内心的良知和真理的呼唤去做，不在意世俗人的眼光，这种人都属于豪杰之士，是有着自己坚定信念和自知之明的人。

行路难！行路难！多歧路，今安在？长风破浪会有时，直挂云帆济沧海。

——李白《行路难》

【释义】世上行路多么艰难，多么艰难；眼前歧路这么多，我该向北向南？相信总有一天，能乘长风破万里浪；高高挂起云帆，在沧海中勇往直前！

故立志而圣，则圣矣；立志而贤，则贤矣；志不立，如无舵之舟，无衔之马，漂荡奔逸，终亦何所底乎？

——王阳明《教条示龙场诸生》

【释义】因此立志成为圣人，就可以成为圣人；立志成为贤人，就可以成为贤人。志向不树立，就像没有方向的船，就像没有笼头的马，终究达不到目标。

2. 推荐阅读

(1)《信念：十年徒步走中国》　作者：雷殿生

本书讲述了雷殿生用常人无法想象的毅力和坚持换取了自己的梦想成真，

走出了世界上最远距离的故事。

(2)《少年派的奇幻漂流》　作者：【意】扬·马特尔

本书讲述了一个不可思议的海上冒险故事。一个名叫派的少年遭遇船难，与一只孟加拉虎一同在海上漂流227天，历经意想不到的生存困境最后获得重生。小说以前所未有的想象力，揭示了一个关乎人性、生存意义和信仰的心灵主题。

3.推荐观看

(1) 电影《三克的梦想》

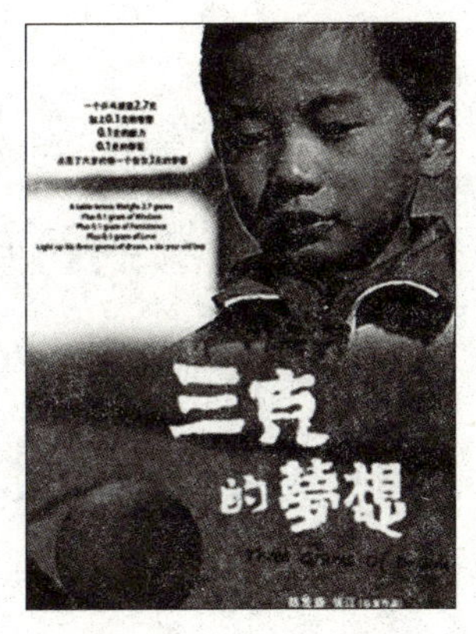

故事发生在中国偏远的农村，父亲在外打工，6岁的小本和母亲、爷爷相依为命。有一天小本和同学周奇在小卖铺里看乒乓球比赛，屏幕上出现的画面在小本的心里产生了巨大的吸引力。从此，打乒乓球已经成为小本心中追逐的梦想，可他不想轻而易举地向妈妈开口要求买球和球拍，便开始了他实现梦想的征程。

(2) 电影《阿甘正传》

阿甘于二战结束后不久出生在美国南方亚拉巴马州一个闭塞的小镇，他先天弱智，智商只有75，然而他的妈妈是一个性格坚强的女性，她常常鼓励阿甘“傻人有傻福”，要他自强不息。在妈妈和好友珍妮的爱护下，阿甘凭着上帝赐予的“飞毛腿”开始了不停奔跑的一生，先后成为大学美式足球明星、越战英雄、世界级乒乓球运动员、摔跤选手、国际象棋大师和商业大亨。

第四单元　意　志

意志是人自觉确定目标并根据目标调节支配自身的行动，克服困难，去实现预定目标的心理倾向。它是人意识能动性的集中表现，是人类特有的心理现象。它在人主动地变革现实的行动中表现出来，对行为有发动、坚持和制止、改变等方面的控制调节作用。意志不同于生来具有的本能活动和缺乏意识性的无意行为，而是属于受意识发动和调节的高级活动。正如俄国伟大诗人莱蒙托夫所言："意志是每一个人的精神力量，是要创造或是破坏某种东西的自由的憧憬，是能从无中创造奇迹的创造力。"

主题导入

孟子言："故天将降大任于斯人也，必先苦其心志，劳其筋骨，饿其体肤，空乏其身。"这告诉我们，在生活里所有的磨难和不幸都是考验，它在考验每一个人的意志。正是这些磨难，才可以使人历经磨难之后浴火重生，从而成为意志坚强的人，有能力和信心来面对人生的风风雨雨，追求真正的人生梦想。只有具备坚强的意志，坚持不懈地奋斗进取、顽强拼搏，生命之花才能在布满坎坷荆棘的人生道路上长盛不衰，芬芳永驻。

故事沙龙

愚公移山

传说古时候有两座大山，一座叫太行山，一座叫王屋山。那里的北山住着一位老人名叫愚公，快90岁了。他每次出门，都因被这两座大山阻隔，要绕很大的圈子，才能到南方去。

一天，他把全家人召集起来，说："我准备与你们一起，用毕生的精力来挖平太行山和王屋山，修一条通向南方的大道。你们说好吗?"大家都表示赞成，但愚公的老伴提出了一个问题："我们大家的力量加起来，还不能挖平一座小山，又能把太行、王屋两座大山怎么样呢? 再说，把那些挖出来的泥土和石块放到哪里去呢?"讨论后大家认为，可以把挖出来的泥土和石块扔到东方的海边和北方最远的地方。第二天一早，愚公带着儿孙们开始挖山。

虽然一家人每天挖不了多少，但他们还是坚持挖，直到换季的时候，才回家一次。

有个名叫智叟的老人得知这件事后，特地来劝愚公说：“你这样做太不聪明了，凭你这有限的精力，又怎能把这两座山挖平呢?”愚公回答说：“你这个人太顽固了，简直无法开导，即使我死了，还有我的儿子在这里。儿子死了，还有孙子，孙子又生孩子，孩子又生孩子，子子孙孙是没有穷尽的，而山却不会再增高，为什么挖不平呢?”当时山神见愚公他们挖山不止，便向天帝报告了这件事。天帝被愚公的精神感动，派了两个大力神下凡，把两座山背走了。从此，这里不再有高山阻隔了。

精卫填海

相传，太阳神炎帝的小女儿去东海边游玩，不慎掉进大海淹死了，她死后，灵魂化作一只小鸟，叫作“精卫”，花头、白嘴、红足，长得活泼可爱。她恨无情的海浪毁灭了自己，又想到别人也可能会被夺走年轻的生命，因此不断地从西山衔来一个个小树枝、一颗颗小石头，丢进海里，想要把大海填平。她无休止地往来飞翔于西山和东海之间。

启迪 意志表现为认定一个目标，有决心和信心，向着目标矢志不渝地努力工作，坚持不懈地奋斗。“愚公移山”“精卫填海”的精神到今天仍然激励着我们。这两个故事告诉我们，无论什么难事，只要有恒心有毅力地做下去，向着目标矢志不渝地努力，勇往直前，永不言弃，就有可能成功。

大海里的船舶

西班牙港口城市巴塞罗那有一家著名的造船厂，这个造船厂已经有1000多年的历史，厂里面陈列着将近10万只船舶的模型。所有走进这个陈列馆的人都会被那些船舶模型上面雕刻的文字所震慑！有一只名叫西班牙公主号的船舶模型上雕刻着：本船共计航海50年，其中有11次遭遇冰川，有6次遭海盗抢掠，有9次与另外的船舶相撞，有21次发生故障抛锚搁浅。每一个模型上都是这样的内容，详细记录着该船经历的风风雨雨。在陈列馆最里面的一面墙上，是对上千年来造船厂所有出厂的船舶的概述：造船厂出厂的近10万只船舶当中，有6000只在大海中沉没，有9000只因为受伤严重不能再进行航行，有6万只遭遇过20次以上的大灾难，没有一只从下海那一天开始没有过受伤的经历……

现在，这个造船厂的船舶陈列馆，早已经突破了原来的意义，它已经成为西班牙最负盛名的旅游景点。很多人慕名前来，在这些模型的身上，获取战胜困难的勇气。

绝处逢生的老马

一位老农养了一匹老马。一天，老马不小心掉进了一个深坑，发出一声声绝望的哀鸣。望着深坑里的老伙计，老农痛心却又无奈，他知道自己无力救老马出来，但又不忍心让它因饥饿痛苦而死，于是决定往坑里填土，尽快结束老马的生命。当老农开始往深坑里填土时，老马吓坏了，但几乎在同时，老马又镇定下来——每次土打到背上，它都用力抖掉，然后踩着投下来的土往上走一点。不管土块打在背上有多疼，老马从不放弃抖土。不知过了多久，筋疲力尽、伤痕累累的老马终于安全地回到了地面。本该是埋葬它的泥土，最终却拯救了它。

启迪 我们就像大海里的船舶，只要不停止航行，就会遭遇风险，没有风平浪静的海洋，没有不受伤的船。故事中的老马是“航行”中的“强者”。老马用自己的坚强意志将本该埋葬它的泥土，变成了拯救它的武器。挫折是把双刃剑，对于弱者来说，挫折会消磨其意志，使人一蹶不振，甚至失去生活的信心。对于强者来说，挫折则能磨炼其意志，使其勇敢地面对挫折，冷静思考，认真分析原因，寻找解决的办法。挫折会使强者变得更坚强，激发其斗志，让其迸发出巨大的力量。生活中，我们每个人都要感谢挫折，我们都是在认识挫折、战胜挫折的过程中成长和发展起来的，坚强的意志帮助我们不被挫折打倒。

谁还在坚持

苏格拉底是古希腊著名的大哲学家和大教育家，他教学生的方法总是别出心裁。

开学第一天，他对学生们说：“今天，我们只学一样东西，就是把胳膊尽量往前抬，然后再尽量往后甩。”他示范了一下，结果，所有学生都笑了。

“老师，这还用学吗?”一个学生打趣道。

“当然，”苏格拉底很严肃地回答道，“你不要觉得这是件很简单的事，其实它很困难的。”听到这话，学生们笑得更厉害了。

苏格拉底一点也不生气，他宣布：“这堂课我就教大家好好学这个动作。

学会以后，从今天开始，每天你们都要把它做100遍。”

10天之后，苏格拉底问：“谁还在坚持做那个甩手动作?”大约80%的学生举起了手。

20天之后，苏格拉底又问：“谁还在坚持做那个甩手动作?”大约50%的学生举起了手。

3个月之后，苏格拉底又问道：“那个最简单的甩手动作，有谁在坚持做?”这一次，只有一位学生举起了手。他，就是后来的古希腊大哲学家、大思想家柏拉图。

启迪 看起来是最简单的“甩手”动作，坚持下来却不容易。坚持是世界上最简单同时也是最困难的事情，因为人人都可以做到，却未必人人都做得到。而要做到坚持，最重要的就是靠意志，有了坚强的意志，我们才能自觉约束自己。在实现目标的过程中，能够坚强而有韧性，不轻言放弃，长期坚持下去，才可以养成良好的行为习惯，而具备良好行为习惯的人，才可能有所成就。

智慧悟语

意志是人重要的个性心理品质。在“故事沙龙”里，我们可以感受到意志在人的成才、成事中具有的极为重要的作用，它能够帮助我们克服困难，是使我们战胜挫折、坚持下去获得成功的必要条件。“不经历风雨，怎能见彩虹”，作为青少年，我们应拥有坚强意志，在追求人生梦想的路途中，我们不能被困难击倒，更不能对自己丧失信心。

尝试体验

1.独立完成一份详细的“一周生活安排表”，并在实践一周后写出自己的生活感悟。

2.在认真反思自身还存在哪些意志薄弱环节的基础上，根据个人实际制订一份磨砺坚强意志的计划书，并请父母或者一位好朋友监督。

3.小活动：战胜挫折　我能行

要求：

(1) 以小组为单位准备一张白纸，每位同学都准备好笔和纸。

(2) 将自己生活中战胜挫折最有效的方法，用你自己喜欢的方式表现出来。

(3) 在小组内交流展示，并在白纸上做好记录。

拓展链接

1. 经典释读

古之成大事者，不惟有超世之才，亦必有坚忍不拔之志。

——苏轼《晁错论》

【释义】 古往今来有大成就的人，不止拥有超越世人的才能，也一定拥有坚忍不拔的意志。

故天将降大任于斯人也，必先苦其心志，劳其筋骨，饿其体肤，空乏其身，行拂乱其所为，所以动心忍性，曾益其所不能。

——《孟子》

【释义】 上天将要降下重大责任在这个人身上，一定要先使他的内心痛苦，使他的筋骨劳累，使他经受饥饿，以致肌肤消瘦，使他受贫困之苦，使他做的事颠倒错乱，总不如意，通过那些来使他的内心警觉，使他的性格坚定，增加他不具备的才能。

立志不坚，终不济事。

——朱熹《朱子语类》

【释义】 如果自己的志向不够坚定，终究没有办法成就一番大事。

2.推荐阅读

(1)《气球上的五星期》　作者：【法】儒勒·凡尔纳

该小说讲述英国旅行家塞缪尔·弗格森决定乘气球对非洲进行探险，他和同伴遇到了有害的空气、可怕的土著、自然的危机，最后终于历尽艰难险阻，到达了此次探险的目的地。我们可以在该小说中体会到冒险家们不畏艰难的坚强意志。

(2)《云雾中的城堡》　作者：曹文轩

主人公森仔和团团听说在云遮雾罩的圆顶山上有一座神奇的古堡，许多人都去挑战，有的人爬到半山腰就败下阵来，有的人意志很强，但是灵魂却永远留在了山顶上。森仔提议去古堡，团团答应了，随后他们就踏上了艰辛的旅程。他们靠坚强的意志，坚持不懈，终于登上了高峰，看到独一无二的古堡。

3.推荐观看

(1) 电影《隐形的翅膀》

该片讲述了一个不幸被高压电击中失去了双臂的花季少女志华刻苦练习，学会自理，争取到了重新上学的机会并刻苦学习游泳，在全国残疾人运动会上获得了好成绩，取得了进军残奥会资格的励志故事。故事生动地向我们诠释了因为有爱，所以坚强，之所以坚强，是因为有梦想的人生哲理。

(2) 电影《摔跤吧！爸爸》

马哈维亚曾经是一名前途无量的摔跤运动员，在职业生涯结束后，他最大的遗憾就是没有能够替国家赢得金牌。马哈维亚将这份希望寄托在了尚未出生的儿子身上，哪知道妻子接连给他生了两个女儿，取名吉塔和巴比塔。让马哈维亚没有想到的是，两个姑娘展现出了杰出的摔跤天赋。最后，他终于明白，就算是女孩，也能够昂首挺胸地站在比赛场上，为国家和她们自己赢得荣誉。两个姑娘凭借坚强的意志及不懈努力，最终取得了不错的成绩。

第五单元　自　律

所谓自律，是指在没有人现场监督的情况下，自己要求自己，变被动为主动，自觉地遵循法度，约束自己的一言一行。它是一种不可或缺的人格力量，没有它，一切纪律都会变得形同虚设。应该说，自律是保证全社会诚实守信的基础和基石。我们的自律并不是让一大堆规章制度来层层地束缚自己，而是用自律的行动创造一种井然的秩序，从而为我们的学习生活争取更大的自由。

主题导入

美国著名轻武器设计师勃朗宁说："一个人一旦打响了征服自我的战斗，他便是值得称道的人。"可见，自律在我们身边起着不可估量的作用。它是一个人最好的素养，也是一个人最宝贵的精神财富。"欲修其身者，必先正其心。"说到底自律是一种克制，是一种反省；它更是一种风度，一份超越。自律的人重在自觉从严，贵在处处从严，持久从严。人生是舟，自律是水，以水推舟，方能扬帆万里，驶向自己人生价值的彼岸；人生是树，自律是土，树滋长于土，方能枝繁叶茂，结出人生的果实。

故事沙龙

储豆律己

明代大学士徐溥自幼天资聪明，读书刻苦。少年时代的徐溥性格沉稳，举止老成，他在私塾读书时，从来都不苟言笑。一次塾师发现他常从口袋中掏出一个小本本看，以为是小孩子的玩物，等走近才发现，原来是徐溥自己手抄的一本儒家经典语录，由此对他十分赞赏。徐溥还效仿古人，不断地规范自己的言行。他习惯在书桌上放两个瓶子，分别用来贮藏黑豆和黄豆。每当他心中产生一个善念，或是说出一句善言，做了一件善事，便往瓶子中投一粒黄豆；相反，若是言行有什么过失，便投一粒黑豆。开始时，黑豆多，黄豆少，他就不断地深刻反省并激励自己；渐渐黄豆和黑豆数量持平，他就再接再厉，更加严格地要求自己；久而久之，瓶中黄豆越积越多，相较之下黑豆渐渐显得微不足道。直到他后来为官，一直都还保留着这一习惯。凭着这种持久的约束和激励，他不断地修炼自我，完善自己的品德，后来终于成为德高望重的一代名臣。

悬梁刺股

汉朝儒学大师孙敬小时候读书十分刻苦，经常读到深夜，因为怕自己睡着，就把头发用绳子系在屋梁上，每当自己昏昏欲睡，头垂到一定高度的时候头发就会被拉得很痛，痛醒后孙敬继续苦读。他用这种方法防止自己打瞌睡犯困，后来终成一代大师。

战国时期，有一个人名叫苏秦，是有名的政治家。在年轻时，由于学问不多不深，曾到好多地方做事，都不受重视。回家后，家人对他也很冷淡，瞧不起他。这对他的刺激很大，所以，他下定决心，发奋读书。他常常读书到深夜，却因太疲倦而打盹。于是他想出了一个方法，每到深夜读书时他就准备一把锥子，一打瞌睡，就用锥子往自己的大腿上刺一下。这样，猛然的疼痛使他清醒起来，再坚持读书，最终学有所成。

启迪 自律的人一旦做出决定，一定会朝着目标前进。在实现目标的过程中不轻易地放纵自己，给自己找借口，严格地约束自己，在不断完善自我的过程中获得对自己有价值的东西，不断提高自我修养。两则历史典故让我们看到了什么是真正的自律。徐溥凭着持久的自我约束和自我激励，不断地修炼自我，后来终于成为德高望重的一代名臣。孙敬和苏秦通过“头悬梁锥刺股”的办法约束自己而成才。今天的我们并不是非要通过这样的做法来约束自己，但是这种自律、勤勉的精神却是永不过时的，值得今天的我们学习。

杨震却金

东汉年间，有个很有名的清官叫杨震。他在任荆州刺史时，发现一个叫王密的人才华出众，便向朝廷举荐。朝廷接受了杨震的举荐，委任王密为昌邑令。王密十分感激，他私下拜会杨震，并奉上十两黄金以示感激，杨震坚辞不受。王密说："黑夜里，无人知道，您就放心地收下吧。"杨震脸色阴沉，斥责道："天知、地知、你知、我知，怎能说无人知道呢？自古以来，君子慎独，哪能因无人知道就做出违背道德的事情呢？"一席话，王密顿感羞愧难当，急忙起身谢罪，收起金子走了。

启迪 自我约束、自我教育便是自律。自律的最高层次是慎独。什么是慎独呢？从杨震却金的故事中，相信你已有所感悟了吧？所谓慎独，意思是，有修养的人在独自一人时，仍能谨慎地遵守准则，不做有悖道德的事。杨震能慎独，与他平时严格的自律是分不开的。

无主之梨

南宋末年，有个人叫许衡，在当地颇有名气。当时正值战乱，有一次许衡跟很多人一起逃难，途经河阳，由于路途遥远，天气又热，口渴难耐。同行的人发现道路附近有一棵梨树，树上结满了梨子，大家都争先恐后地去摘梨来解渴，只有许衡一人端坐在路边动也不动。大家觉得很奇怪，有人便问许衡：“你怎么不去摘梨吃呢?”许衡回答说：“那梨树不是我的，我怎么可以随便去摘来吃呢?”那人说：“现在时局这么乱，大家都各自逃难，这棵梨树，恐怕早已没有主人了，又何必介意呢?”许衡说：“梨树虽然没有主人，难道我的心也没有主人吗？别人丢失的东西，哪怕一丝一毫，如果不合乎道义也不能占为己有啊。”

钓鱼的启示

美国著名的建筑师詹姆斯·兰费蒂斯，十一岁时和家人一起住在湖心的一个小岛上。父亲是个钓鱼高手，小詹姆斯从不愿放过任何一次跟父亲一起钓鱼的机会。

一天正是钓翻车鱼的好时机，詹姆斯和父亲一起去钓鱼。突然，詹姆斯的鱼竿猛地被拉弯了，一个大家伙上钩了。他开始慢慢地遛那个大家伙。经过两个小时努力，鱼终于被詹姆斯遛得筋疲力尽了，詹姆斯开始慢慢地收钩。那个大家伙一点点地露出水面。这是他见到过的最大的鱼，足有10公斤！詹姆斯尽力压抑住紧张和激动的心情，仔细地观看自己的战利品，他发现，这不是翻车鱼，而是一条大鲈鱼！

父亲看了看大鱼，又看了看儿子，说：“孩子，你得把它放回水里去，还没有到钓鲈鱼的时间。”

“爸爸!”詹姆斯大叫起来。

“你还会钓到别的鱼的。”

“可去哪儿能钓到这么大的鱼啊!”儿子大声抗议。

詹姆斯向四周望去，月光下，没有一个垂钓者，也没有一条船，当然也就没有一个人会知道这件事。他又一次回头看着父亲。

父亲再没有说话。詹姆斯知道没有商量的余地了，他使劲闭上眼睛，脑中一片空白。他深深地吸了一口气，睁开了眼睛，弯下腰，小心翼翼地把鱼钩从那大鱼的嘴上摘下来，双手捧起这条沉甸甸的，还在不停扭动着的大鱼，吃力地把它放入水中。那条大鱼的身体在水中嗖地一摆就消失了。詹姆斯的心中十分难过。

那是很多年前的事了。长大后的詹姆斯已经是纽约市一个成功的建筑设计师，他父亲的小屋还在那湖心小岛上，詹姆斯时常带着他的儿女们去那里钓鱼。

詹姆斯确实再也没有钓到过那么大的鱼，但是那条大鱼却经常会出现在他的眼前——当遇到道德的问题时，这条大鱼就会出现在他的眼前。

启迪 我们生活在充满规则的社会里，社会规则是人们享有自由的保障。遵守社会规则需要严格自律，自律能帮助我们发自内心地敬畏规则，将规则作为自己行动的准绳。遵守社会规则看似是一个简单的事情，实施起来却不容易，特别是当你面对着很大诱惑的时候，古代社会的许衡和现代社会的詹姆斯父亲都给我们做了一个很好的榜样。在时间紧急的情况下，你会不会闯红灯或是逆行？在没有任何人知道的情况下，你是否会把不属于自己的东西据为己有？自律的人与缺乏自律的人会做出不同的选择，也会有不同的人生。

糖果效应

1960年，美国斯坦福大学心理学教授沃尔特·米歇尔设计了一个著名的关于“延迟满足”的实验，这个实验是在斯坦福大学校园里的一个幼儿园进行的。

研究人员找来数十名儿童，让他们每个人单独待在一个只有一张桌子和一把椅子的小房间里，桌子上的托盘里有这些儿童爱吃的东西——棉花糖、曲奇或是饼干棒。研究人员告诉他们可以马上吃掉棉花糖，但如果等研究人员回来时再吃还可以再得到一颗棉花糖作为奖励。他们还可以按响桌子上的铃，研究人员听到铃声会马上返回。对这些孩子们来说，实验的过程颇为难熬。有的孩子为了不去看那诱惑人的棉花糖而捂住眼睛或是背转身体，还有一些孩子开始做一些小动作——踢桌子，拉自己的辫子，有的甚至用手去打棉花糖。结果，大多数的孩子坚持不到三分钟就放弃了。“一些孩子甚至没有按铃就直接把糖吃掉了”，“另一些盯着桌上的棉花糖，半分钟后按了铃”。大约三分之一的孩子成功延迟了自己对棉花糖的欲望，他们等到研究人员回来兑现了奖励。他们等了差不多有15分钟的时间。

从1981年开始，米歇尔逐一联系已是高中生的653名参加者，给他们的父母、老师发去调查问卷，并针对这些孩子的学习成绩、处理问题的能力以及与同学的关系等方面提问。米歇尔在分析问卷的结果时发现，当年马上按铃的孩子无论在家里还是在学校，都更容易出现行为上的问题，成绩分数也较低。他们通常难以面对压力、注意力不集中而且很难维持与他人的友谊。而那些可以等上15分钟再吃糖的孩子在综合SAT（学习能力倾向测验）中成绩比那些马上吃糖的孩子平均高出210分。在继续追踪到他们35岁以后，发现当年不能等待的人成年后有更高的体重指数并更容易有吸毒方面的问题。

启迪 凡成功者无不自律。成功需要很强的自律能力，我们要学会运用自律，避免受外界不良影响的诱惑，成为一个善于自律、惯于自律的人。当自律成为一种习惯、一种生活方式，我们的人格会因此变得更完美。实验中坚持下来的孩子的自我约束、自我教育的行为正是他们自律品质的良好体现。一个能够时刻约束自我、时刻自律的人才能有所作为、有所成就。

智慧悟语

从“故事沙龙”主人公身上，我们看到了自律是修身立志成大事者必须具备的能力和条件。人需要自律，一个不自律的人成不了大事。自律并非挂在嘴边的名词，而是在行动中形成的，也只能在行动中才可以体现，因为自律的养成是一个长期过程，不是一朝一夕的事情。对我们中学生来说，应该从现在就开始针对自身情况，以一定的标准和行为规范指导自己的言行，严格要求和约束自己。要有战胜挫折的态度和勇气，只有这样，才可以勇敢面对来自各方面的一次次对自我的挑战，不轻易放纵自己，哪怕它只是一件微不足道的事情。

尝试体验

1. 召开一次以“自律·慎独”为主题的演讲比赛。
2. 开展一次以“学会自律，从现在开始”为主题的班会活动。

拓展链接

1. 经典释读

予独爱莲之出淤泥而不染，濯清涟而不妖，中通外直，不蔓不枝，香远益清，亭亭净植，可远观而不可亵玩焉。

——周敦颐《爱莲说》

【释义】 我唯独喜爱莲花从淤泥中长出却不被污染，经过清水的洗涤却不显得妖艳。它的茎中间贯通外形挺直，不牵牵连连也不枝枝节节，香气传播很远却更加清香，笔直洁净地竖立在水中。人们可以远远地观赏莲，而不可轻易地玩弄它。

三更灯火五更鸡，正是男儿读书时。黑发不知勤学早，白首方悔读书迟。

——颜真卿《劝学诗》

【释义】 每天三更半夜到鸡啼叫的时候，是读书的最好时间。少年时代不知道发愤苦读，勤奋学习，到老的时候想好好学习也已经晚了。

以细行律身，不可以细行取人。

——魏源《默觚下》

【释义】 君子要从一点一滴细微之处严格要求自己，却不会抓住别人行为中的瑕疵不放手。

2. 推荐阅读

《自律力》　作者：小野

在这本书中，作者从多个角度阐释什么是自律。当我们面对欲望、情感、困境时，应如何用自律去直面这些困惑？当需要规划，习惯需要养成时，如何用自律将这些心愿达成？持之以恒的自律，这份坚持的意义又将是什么？本书一一给你答案。

3. 推荐观看

(1) 电影《四个小伙伴》

春江小学开展“人人争当红花少年”活动，得到五朵小红花就能参加夏令营活动。班里同学都从平凡细小的事情做起，努力争得小红花，而以丁小东为首的四个小伙伴陈辉、汪明明和张浩却不以为然，认为做小事“没意思”，要“找一件大好事来做”。在一系列经历中，四个小伙伴明白了小事做不好大事更做不好的道理，最终成功地和大家一起参加了夏令营。

(2) 电影《我们这一班》

影片讲述了12岁的强纳森来到了以男孩唱诗班闻名全球的“汤玛士学院”，与他的室友们一起，不经意地激起一连串的麻烦事件……最终，刺激的冒险旅程也让他们了解到友情的价值，激发了大家的勇气。

第六单元　友　情

友情是人与人在长期交往中建立起来的一种特殊的情谊，它和亲情、爱情一样，是一种抽象的、令人琢磨不透的东西，它同样值得我们去珍惜。友情超越血缘、地缘。真正的友情与职业、经历、地位和处境等无关，它本质上拒绝功利、归属与契约，是独立人格之间的互相呼应和确认，它使人们独而不孤，互相解读自己存在的意义。

主题导入

鲁迅说："人生得一知己足矣，斯世当以同怀视之。"友情是人最宝贵的财富之一，无论你走到哪，身处何方，都会有一段温馨的回忆伴随着你。烦恼时友情如醇绵的酒，痛苦时友情如清香的茶，快乐时友情如轻快的歌，孤寂时友情如对饮的月……友情是金子，越炼，越纯，永远闪烁着金色的光芒；友情又是一瓶酒，越陈就越醇、越甜。在我们身处困境、遭遇挫折时，朋友的热情鼓励和帮助，会让我们坚定信心，知难而进，战胜困难和挫折。

故事沙龙

两次特殊的"资助"

林语堂在赴美留学期间经济窘迫，捉襟见肘，于是求助胡适，希望胡适为其担保，找别人借一千美元。过了不久，胡适果然给林语堂寄去一千美元，并解释说这是北京大学给他预支的工资，希望林语堂留学结束后回北大工作。之后，林语堂去德国莱比锡大学攻读博士学位的时候，经济上又遇到了困难，再次向胡适求助，希望他能再代其向北京大学借一千美元。过了一段时间，胡适就又给林语堂寄去一千美元。就这样，因为胡适的两次相助，林语堂度过了留学期间最困难的时期。

后来，林语堂回到北京大学还债，却得知北京大学根本没有资助留学人员的做法。林语堂这才明白，那两千美元是胡适个人提供的。胡适雪中送炭的善举使两人的友谊更加牢固。

朋友胜过金钱

美国巨商费兰克·梅维尔说过：“我父亲告诉过我，朋友比世界上所有的金钱都珍贵，朋友比世界上所有的财富都恒久。这话一点也不错。”

费兰克·梅维尔的父亲是一位富翁，一生商海沉浮，苦苦打拼，积累了上千万美元的财富。有一天，重病缠身的他把10个儿子叫到床前，向他们公布了他的遗产分配方案。他说：“我一生的财产有1000万美元，你们每人可得100万美元，但有一个人必须独自拿出10万美元为我举办丧礼，还要拿出40万美元捐给福利院。作为补偿，我可以介绍10个朋友给他。”他最小的儿子费兰克·梅维尔选择了独自为他操办丧礼。于是，富翁把他最好的10个朋友一一介绍给了费兰克·梅维尔。

父亲死后，费兰克·梅维尔和哥哥们拿着各自的财产独立生活。由于平时他们大手大脚惯了，没过几年，父亲留给他们的那些钱就所剩无几了。费兰克·梅维尔更是只剩下最后的1000美元。无奈之时，他想起了父亲给他介绍的10个朋友，于是决定把他们请来聚餐。

父亲的朋友们和费兰克·梅维尔一起开开心心地美餐了一顿之后，对他说：“在你们10个兄弟当中，你是唯一还记得我们的，为感谢你的浓厚情谊，我们帮你一把吧！”于是，他们每个人给了费兰克·梅维尔一头怀有牛犊的母牛和1000美元，还在生意上给了他很多指点。依靠父亲的老友们的指点和资助，费兰克·梅维尔开始步入商界。许多年以后，他成了一个比他父亲还要富有的大富豪，并且一直与他父亲介绍的这10个朋友保持着密切的联系。

启迪 真正的朋友可能不会锦上添花，却会雪中送炭，给予温暖、支持和力量，让我们感受到生活的美好。故事中的林语堂和梅维尔都身处困境，正是朋友的无私帮助让他们走出低谷，渡过难关。真正的朋友就是这样，不需要过多的言语，甚至不需要常常见面，只在心里相互惦念，然后在有难之时尽自己的绵薄之力。友情是人生一笔最大、最恒久的财富。

肖邦的第一场演奏

肖邦是波兰著名的作曲家。他在成名以前，曾经流亡至法国巴黎定居。肖邦虽然在音乐方面有着独特的天赋和惊人的才华，但是当时怀才不遇，处境落魄。

在一次宴会上，肖邦结识了匈牙利钢琴家李斯特。两人一见如故，惺惺相惜。李斯特虽然在巴黎上流文艺沙龙中闻名遐迩，可他对贫穷不得志的肖邦大为赞赏。他不想肖邦被埋没，因此总是设法帮助肖邦。

一次，李斯特要举行个人演奏会。剧场门口人头攒动，门票被抢售一空。演奏会开始了，紫红色的帷幕徐徐拉开。风度翩翩的李斯特身着燕尾服朝观众致意。台下掌声雷动。李斯特朝观众行礼后，便转身坐在钢琴前，摆好演奏姿势。灯熄了，剧场内一片寂静，人们屏息静气，闭上眼睛，准备享受美好的音乐。琴声响了，时而如高山流水，时而如夜莺啼鸣，时而如诉如泣，时而如歌如舞。观众完全被那美妙的音乐征服了。在演奏结束的那一刻，人们兴奋地高喊：“李斯特！李斯特！”可灯一亮，大家愣住了。舞台上坐的根本不是李斯特，而是一位眼中闪着泪花的陌生年轻人，他就是肖邦。

原来，李斯特利用熄灯这个时机，让肖邦代替自己演奏。现场的观众得知这一情况后由惊转喜，场内响起更加热烈、经久不息的掌声。肖邦一举成名，从此走上了世界钢琴演奏的辉煌舞台。而李斯特推荐肖邦的妙计和苦心，更成为音乐史上的一段佳话。

启迪 朋友之间难免有竞争，但竞争并不一定会伤害友情，关键是看人们对待竞争的态度。故事中面对有可能成为自己竞争对手的肖邦，李斯特甘愿当伯乐，给肖邦提供一个施展才华的舞台。可以说，如果没有李斯特的帮助，肖邦的才华可能不会被人发现。因此，真正的朋友一定是懂得欣赏你、帮助你的人。在竞争中坦然接受并欣赏朋友的才华和成就，做到自我反省和激励，会让我们收获更多真正的友情。

好友感恩不记仇

在茫茫沙漠中，两个朋友做伴前行。因为一件小事，他们吵了起来，其中一个还打了另一个一记耳光。被打的人感到屈辱。他拿了一个树枝在沙子上写下："今天我的好朋友打了我一巴掌。"

他们继续往前走，一直走到一片绿洲才停下来饮水和洗澡。在河边，那个被打了一巴掌的人差点被淹死，幸好被朋友救起来了。被救起之后，他拿了一把小刀在石头上刻下："今天我的好朋友救了我一命。"

他的朋友好奇地问道："为什么我打了你后，你要写在沙子上，而现在要刻在石头上呢?"他笑着回答说："当被一个朋友伤害时，要写在沙子上，风很快就会把它抹掉；反之，如果得到朋友的帮助，我们要把它深深铭刻，任凭风吹雨打也不让它消逝。"

启迪 故事中的主人公面对朋友的伤害和帮助采取了截然不

同的态度：忘记无心的伤害，铭记真心的帮助。因为他明白真正朋友之间的伤害也许是无心的，帮助却是真心的。所以，呵护友情，需要智慧地对待交友中遇到的伤害。当朋友背叛了自己，或者做出了伤害友情的举动，我们可以向故事中的主人公学习，选择宽容对方，维护一段美好的友情。

管宁割席

管宁和华歆本是从小玩到大的好朋友，而且常常结伴读书。一次，两人一同在园中锄菜，地上有块金子，管宁视而不见，继续挥锄，华歆却将金子拾起查看，仔细想过之后又将金子丢弃了。此举被管宁视为见礼而动心，非君子之举。还有一次，两人同席读书，外面路上有官员坐着华丽的轿子从门前经过，前呼后拥十分热闹。管宁还像原来一样读书，华歆却放下书出去观看。华歆的举动被管宁视为心慕官绅，亦非君子之举。于是，管宁毅然将两人同坐的席子割开，与华歆分坐，说：“你不是我的朋友。”

启迪 故事中管宁感觉到了自己与华歆的差异，确定彼此不是同路人，没有办法相谋，没有了相处的必要，于是大胆割舍掉这份友情，坦然接受一段友情的淡出。这是一种正确的交友方式，因为每个人都会随着所处环境的改变而变化，当朋友间追求的东西差别很大，在对关键问题的看法上出现分歧，没有办法共事时，我们就应该让“友谊的小船说翻就翻”，学会选择志同道合的朋友。

智慧悟语

朋友和友情是人生的永恒话题。在“故事沙龙”里我们看到了古今中外的各色各样的友情故事，为真挚的友情感动，为淡出的友情遗憾。友情可以带来快乐，让人向往，有时也会带来困扰，增添烦恼。在友情的长河里，我们深深浅浅地前进，经历着不同的体验，积累着各自的感受。梳理对友情的感受，澄清对友情的认识，是我们成长必经的历程。

尝试体验

1.完成以下“朋友影响力”表。

要求：

(1) 根据示例写下你的朋友的姓名、对你的影响及影响力大小。

(2) 完成表后，思考自己从中能发现什么？

姓　名	对我的影响	影响力大小
王　某	喜欢读书，性格开朗……	大
……	……	……

2.组织开展一次“友情之窗”讨论会，以提高处理与同学、朋友之间矛盾的能力，促进同学情感交流，增进同学友情。

要求：

(1) 通过讲故事、演小品等活动形式设置情境。

(2) 围绕“与同学、朋友发生争吵时，如何通过换位思考或其他方式来化解矛盾”进行交流。

(3) 小组长归纳总结出“与同学、朋友交往的正确做法”。

拓展链接

1.经典释读

李白乘舟将欲行，忽闻岸上踏歌声。桃花潭水深千尺，不及汪伦送我情。

——李白《赠汪伦》

【释义】我正乘上小船，刚要解缆出发，忽听岸上传来悠扬踏歌之声。看那桃花潭水，纵然深有千尺，怎能及汪伦送我之情。

君子之交淡若水，小人之交甘若醴；君子淡以亲，小人甘以绝。

——《庄子》

【释义】君子之间的交情清淡得像水一样，小人之间的交情甘美得像甜酒一样;君子不以利相交而以道相合，故清淡亲密，小人以利相交故有甜头，一旦利尽交情就断绝。

2.推荐阅读

(1)《感恩朋友:让你珍惜一生的友情故事》　作者：徐彩虹

本书介绍了各种各样的朋友：有故交、患难之交、忘年交，也有莫逆之交、君子之交、一面之交……有的，曾经是某一方面最合拍的伙伴；有的，曾经一起度过最美的时光；有的，从小一起长大，现在仍彼此相伴；有的，曾有着生死与共的情谊……

(2)《你的朋友》　作者：【日】重松清

本书以朋友为关键词，用十个相对独立的故事，阐述朋友的含义，深刻写出孩子们如何在友情迷阵中寻找出路。

3.推荐观看

(1) 电影《两个小足球队》

影片主要讲述了王力、周斌和李明三个好朋友之间的故事。王力当上甲班足球队队长后骄傲起来。乙班体育干事李明谦虚诚恳，把足球队搞得火热。在班际足球比赛中，由于王力好出风头，结果不仅使本队输了球，还踢伤了好友李明。在老师、家长和同学们的帮助下，王力认识了错误，最后成为优秀的校队队员，三个好朋友的友谊更加深厚了。

(2) 电影《哪吒之魔童降世》

影片中的哪吒和敖丙，一个是魔丸转世，一个是灵珠转世，然而两个人建立了深厚的友谊，其友情之深，令人动容。

第七单元　合　作

“天时不如地利，地利不如人和。”“人和”，就是指人心所向，内部团结合作。何谓合作？合作就是个人与个人、群体与群体之间为达到共同目的，彼此相互配合的一种联合行动、方式。习近平总书记说过，只有开放合作，道路才能越走越宽。当今时代，合作已经成为日常生活中一种无处不在的现象，它是生活艺术和能力的综合，它要求以理解为基础，以真诚为前提，唯有如此，才能合作圆满。

主题导入

我们任何一个人在这个世界上都不是孤立存在的，当今社会更需要合作精神。合作能够不断化解人们心头的阴霾，使人与人之间心灵时刻沟通；会更快地让一个人学会独立、进取，有团结奉献精神。在合作中彼此共承担、共欢乐，能增强我们的责任感，让我们在人生的旅途中得到更好的发展。正如美国教育家韦伯斯特所说："人们在一起可以做出单独一个人所不能做出的事业。智慧+双手+力量结合在一起，几乎是万能的。"合作是一种力量，也是一笔财富。通过合作，我们可以取人之长，补己之短，可以获得别人的支持和帮助，克服前进道路上的困难，增加成功的可能性。

故事沙龙

授以渔鱼

从前，有位长者拥有一根鱼竿和一篓鲜活硕大的鱼。他想把这些送给需要的人。

一天，来了两个饥饿的人。其中，一个人要了一篓鱼，另一个人要了一根鱼竿，后来他们就分道扬镳了。得到鱼的人想办法找来了篝火，做了一大锅美味的鱼汤。好景不长，没过几天，他的鱼汤就喝完了，最后他活活饿死在空空的鱼篓旁。另一个人则提着鱼竿向海边出发。没等他到达不远处那片蔚蓝的海洋，他浑身的最后一点力气就使完了。最终，他带着无尽的遗憾离开人间。

过了几天，又来了两个饥饿的人，长者同样恩赐给他们一根鱼竿和一篓鱼。只是他俩并没有各奔东西，而是决定共同去找寻大海。为节约开支，他们每次只煮一条鱼。经过一路的艰难，他们来到了海边。从此，两人开始了以捕鱼为生的日子。几年后他们在海边建起了新房子，还拥有了自己的渔船，并各自组建了家庭，过上了幸福美满的生活。

启迪 同样的条件，同样的设备，为什么有的人饿死而有的人却能够顽强活下去？关键就在于，是否选择了与他人合作。精诚合作会使我们分享到成功的愉悦，互助互惠能让我们取得更大的胜利。如果只顾眼前和自身利益，得到的终将是短暂的欢愉；目标高远，有合作精神，才有可能走向成功。

谁是老大

一天晚上，人身体上的几个部分忽然争论起谁是老大来了。事件的导火索出在手这里。它无意揉了一下眼睛，眼睛受到了刺激，流出眼泪来，眼泪流到鼻子里，鼻子迫使嘴巴打了个喷嚏，而唾液恰恰又溅到了手上。

手一下子火了，立马去打嘴巴，却“手走偏锋”打到了耳朵。耳朵压着火训斥：“怎么能打我呢？没有了我你们听什么？”

嘴巴不服气，认为要是没有了它，大家统统都要饿扁。眼睛发飙了：“要是没有我，什么万紫千红、百花争艳，你们能看见吗？”此时迟迟不肯言语的鼻子也忍不住了：“你们都别争了，我才有资格当老大！”

大家异口同声地问：“凭什么？”“你们真是愚不可及！好好想想，没有我提供氧气，你们连生存都谈不上！”鼻子说完又高高翘起了它的鼻尖尖，恨不能翘到天上去。手实在看不下去了，毕竟自己也不是等闲之辈，它破口而出："不是我平时给你们按摩，难道你们会舒舒服服地享受生活？我才是老大！"

一片喧闹把大脑司令吵醒了。大家把刚才的事说了一遍。大脑沉思了一下，对它们说："你们有谁可以把听、看、呼吸、吃以及按摩的事都做了，谁就是老大。"他们听了，费尽心思地按照大脑总司令的话去做，可是不管怎么做，谁都无法做到。

遇到危险，应该让别人先出去

一位教育家为了带给人们关于合作的一些启发，专门设计了一个游戏实验。他来到一所小学，请校长找来三个学生，让他们做实验。

游戏仅仅需要一个瓶子以及三个系着绳子的小铅锤。教育家把瓶子放在地上，把三个小铅锤分给三个学生，让他们各自拿着绳子头，先后把铅锤放到瓶子里。但是实验的工具被教育家赋予了新的内涵。瓶子代表一口井，井里没有水。铅锤代表学生自己。井口很窄，一次只能上来一个人。

实验开始。教育家拿起茶杯向"井"里灌水，他一边灌，一边喊："危险！快上来！1，2……"一个女孩低声对两个同伴说："快！你第一，你第二，我最后。"

女孩刚说完，三个学生就顺利地把小铅锤都提了出来。教育家询问女孩为什么这么安排。女孩毫不犹豫地告诉他："遇到危险，应该让别人先出去。"

启迪 合作，需要我们分工合理，共担责任，共享利益，不能斤斤计较个人的得失。《谁是老大》中的每个部分都有缺点，而又必须聚在一起共事，为了减少摩擦和错误，就必须取人长补己短。"你第一，你第二，我最后。"小女孩的这种无私合作精神使团队获得了成功。学会从整体利益、长远利益出发思考和处理问题，才能进行良好的合作，使自己和他人绝处逢生，共享合作成果。

种子分享

美国的俄亥俄州每年都要举行南瓜大赛。汤姆的成绩非常好，连年获奖。但是获奖的汤姆会把种子分送给邻居们。邻居不解地问："你花那么多时间和精力培育良种，为什么把种子送给我们？难道你不怕我们的南瓜超过你的？"汤姆则回答："我把种子送给大家，其实也是在帮助自己！"原来，各家瓜地相连，汤姆把自己的优良品种分给邻居，可以防止蜜蜂在传授花粉的过程中，将劣种花粉传播到自己的优良品种上，避免优良品种退化。邻居们都对汤姆这种做法称赞有加。

启迪 生活中有合作，当然也有竞争。只有在合作中竞争，在竞争中合作，才能相互促进、相互提高，求得双赢。汤姆无私帮助别人，自己也获益。通过合作，可以借助别人的智力、能力和才干，帮助自己获得事业上更大的成功。"赠人玫瑰，手有余香"，双赢是竞争最理想的结果，而正是靠着良好的合作才能创造竞争中的双赢甚至是多赢。

智慧悟语

在"故事沙龙"里，我们看到了因为合作而成功和因为不合作而失败的诸多事例。生活在今天的我们更是离不开合作，享受合作、善于合作，是时代对每一个人提出的要求。对于中学生来说，学习生活中的合作更有助于健康成长。在合作中学习，可以开阔视野、启迪智慧、提高创新能力；在生活中合作，可以使我们融入集体，获得战胜困难的勇气和力量。现在的我们就应该既保持敢为人先、不甘落后的精神，又树立协作互助、合作共享的观念，学会在竞争中合作，在合作中竞争。

尝试体验

1.小组合作学习是我们熟悉的一种班级学习模式。请大家就班级内小组建设提出自己的合理化意见或建议。

2.请大家利用课外活动时间，组织一次班级“绑腿跑”活动，并写出自己的活动感受在班级内交流。

拓展链接

1. 经典释读

二人同心，其利断金；同心之言，其臭如兰。

——《周易》

【释义】 二人的意志相同，其锋利足以切铁断金，意志相同的言论，其气味如兰草一般馨香。

能用众力，则无敌于天下矣；能用众智，则无畏于圣人矣。

——陈寿《三国志》

【释义】 能把众人的力量团结起来，统一指挥，就可做到天下无敌；能把众人的智慧集中到一起，就可以不怕圣人。

2.歌曲赏析

《世界需要热心肠》（曲：谷建芬　词：乔羽）

歌词：一个篱笆三个桩，一个好汉三个帮，为了大家都幸福，世界需要热心肠。人生的道路多曲折，人生的道路又漫长，谁也难免遇到险阻，谁也难免遇到忧伤。只要你我热情相助，懦夫也会变成金刚。一句知心的话语，也许胜过万钧雷霆，一声亲切的呼唤，能有起死回生的力量，干旱的土地需要泉水，幼小禾苗需要太阳，为了一切都美好，世界需要热心肠。

3.推荐观看

（1）电影《追梦的山里娃》

影片介绍了几个山里娃为追求自己的梦想出发，在艰苦条件下，刻苦训练、勇敢追求、团结合作，最终实现了自己的梦想。在他们身上，我们看到了希望，看到了未来。

（2）电影《拯救大兵瑞恩》

影片讲述了诺曼底登陆后，瑞恩家4名于前线参战的儿子中，除了隶属101空降师的小儿子二等兵詹姆斯·瑞恩仍下落不明，其他3个儿子皆已于两周内陆续在各地战死。陆军参谋长马歇尔上将得知此事后出于人道考量，特令前线组织一支8人小队，在人海茫茫、枪林弹雨中找出生死未卜的二等兵詹姆斯·瑞恩，并将其平安送回后方。8人小队精诚合作，齐心协力，不辱使命。

第八单元　诚　信

《说文解字》中对诚信的解释是："诚，信也"，"信，诚也"。诚实即忠诚老实，就是忠于事物的本来面貌，不隐瞒自己的真实思想，不掩饰自己的真实感情，不说谎，不作假，不为不可告人的目的而欺瞒别人。守信是指说话、办事讲信用，答应了别人的事，能认真履行诺言，说到做到。守信是诚实的一种表现。"诚"更多地指"内诚于心"，"信"则侧重于"外信于人"。"诚"与"信"组合，就形成了一个内外兼备，具有丰富内涵的词汇，其基本含义指诚实无欺，讲求信用。

主题导入

孔子说："民无信不立。"诚信是中华民族的传统美德，被中华民族视为自身的行为规范和道德修养。它像一轮圆月，唯有与高处的皎洁相伴，才能衬托出对待生命的态度；像高山之水，能够在浮动的社会里，洗尽铅华，洗尽虚伪，露出真诚；更像蒲公英的种子，跟风一起起航，无论走到哪个角落都能生根发芽，开出诚信之花。习近平总书记指出，人与人交往在于言而有信，国与国相处讲究诚信为本。诚信，是我们共同的价值追求，身披一袭灿烂，心系一份执着，带着诚信上路，这样人生步履才会更加平稳，足印才会更加坚定。走出精彩人生，世界都会为你鼓掌！

故事沙龙

一次"特殊"的面试

一位年轻人正在找工作，他幸运地成为十名复试者之一。接下来由董事长贝克先生亲自进行面试。年轻人怀着忐忑不安的心情走进贝克先生的办公室。

年轻人一进门，贝克先生起先很惊讶，后来又激动地站起来。贝克先生握紧他的手说："年轻人，我终于找到你了，我们见过面。"贝克先生立马转过身，对主管们高喊："先生们，向你们介绍一下，这位就是救我女儿的那位年轻人。"

年轻人的心狂跳起来，很是疑惑。贝克先生一脸兴奋，他一边拉住年轻人的手一边说："我女儿掉进了湖里，那天多亏你相助。真抱歉，当时我只顾照顾女儿了，没来得及向你致谢。”

年轻人竭力抑制住心跳，说：“很抱歉，贝克先生。我从未救过您的女儿。”“肯定是你！我记得你脸上有块痣。年轻人，你骗不了我的。”贝克先生一脸得意。

“贝克先生，我想您肯定弄错了。”年轻人诚恳地站起来，“我没有救过您的女儿。”贝克先生凝视着年轻人。忽然，他笑了：“年轻人，我很欣赏你的诚实。我决定录用你。”

后来年轻人才知道贝克先生根本没有女儿。

讲诚信的少年

早年间位于尼泊尔的喜马拉雅山南麓很少有外国人涉足。后来，因为一位讲诚信的少年，让越来越多的外国人慕名到这里观光旅游。

据说当时几位日本的摄影爱好者来到这里，因为不熟悉当地情况，他们请当地一位少年代买啤酒，这位少年足足跑了3个多小时。第二天，那个少年又自告奋勇地再替他们买啤酒。这次摄影爱好者们给了他很多钱让他买10瓶啤酒，但直到第三天下午那个少年还没回来。于是，摄影爱好者们议论纷纷，都认为那个少年把钱骗走了。第三天夜里，那个少年却敲开了摄影爱好者们的门。原来，他在一个地方只购得4瓶啤酒，于是，他又翻了一座山，蹚过一条河才购得另外6瓶，返回时还摔坏了3瓶。他拿着碎玻璃片不停哭泣，向摄影师交回零钱，在场的人无不动容。这个故事让许多外国人深受感动。后来到这里的游客也就越来越多了。

启迪 诚信是做人的美德，是立身之本。一个人要想在社会上立足，干出一番事业，赢得他人的尊重和认可，就必须具有诚信的品德。年轻人用自己的诚信在特殊的面试中通过考试；少年用自己的诚信不仅为自己，更为自己的国家赢得了一张漂亮的与他人合作交往的“通行证”。诚信这种难能可贵的品质是用金钱买不来的，却为个人、企业和国家的发展带来诸多机会。一个人真诚老实、笃守诺言，无论走到哪里都能赢得信任，也会得到他人的真心帮助和支持。

三次逃票的后果

有一位在欧洲留学的学生，苦学多年终于获得了博士学位，但他怎么也没有想到自己的工作会毁在三次逃票上。

毕业时，他认为凭着自己的专业水平，在大企业找份工作应该不成问题。于是，他先去了一所知名的大企业应聘，一切都非常顺利，然后他就安心回家专等录取通知书。不久，他收到一封信，信上说：“你非常优秀，但很遗憾我们不能录取你……”既然大企业不行，就找一家中等企业吧，结果等来的仍然是“你很优秀，但很遗憾不能录用你……”的通知书。无奈之下，他打算应聘一家小企业，但出乎他的意料，结果仍然一样。

留学生弄不明白，他这么优秀，为什么没有一家企业录用他呢。这都是因为他曾经有三次乘公交车逃票记录。欧洲某些国家的公共交通系统的售票处是自助的，也就是你想到哪个地方，根据目的地自行买票，没有检票员，甚至连随机性的抽查都非常少。这位留学生发现了这个管理上的漏洞，或者说以他的思维方式看来是漏洞。在留学的几年间，他一共因逃票被抓了三次。这位留学生聪明反被聪明误，最终因三次逃票经历失去了宝贵的工作机会。

“诚信”救援记

“诚信”被一个“聪明”的年轻人投弃到水里后，经过漂泊，来到了一个小岛上。“诚信”只好等路过这里的朋友允许他搭船，救他一命。

远处传来一阵阵欢乐轻松的音乐。他马上站起来，向着音乐传来的方向望去。他看见一只小船正向这边驶来。船上有面小旗，上面写着“快乐”二字，原来是“快乐”的小船。

“诚信”忙喊道：“‘快乐’你好，我是‘诚信’，你拉我回岸可以吗?”

“快乐”笑着对“诚信”说：“不行啊，我一有了诚信就不快乐了。你看这社会上有多少人因为说实话而不快乐。对不起。”说罢，“快乐”走了。

过了一会儿，“地位”来了，诚信忙喊道：“‘地位’老弟你好，我是‘诚信’，我想搭你的船回家可以吗?”“地位”对“诚信”说：“不行啊，‘诚信’可不能搭我的船，我的地位来之不易，有了你这个诚信我的地位可就难保了！”

“诚信”失望地看着“地位”的背影，眼里充满了不解和疑惑，他又接着等。

随着一片有节奏却不和谐的声音传来，“竞争”们乘着小船来了。“诚信”喊道：“竞争朋友，我能不能搭你们的小船?”“竞争”们问道：“你是谁，你能给我们多少好处?”“诚信”说：“我是‘诚信’……”

“啊，原来是‘诚信’啊，你这不存心给我们添麻烦吗？如今竞争这么激烈，我们是‘不正当竞争’，怎么敢要你‘诚信’?”言罢，扬长而去。

正当诚信近乎绝望的时候，一个慈祥的声音从远处传来：“孩子，上船吧!”一个白发苍苍的老者在船上掌着舵道：“我是时间老人。”“那您为什么要救我呢?”

老人微笑着说：“只有时间才知道诚信有多么重要!”

启迪 在利益面前，有些人会像留学生一样经不住诱惑，做出不诚信的行为，等到吃亏上当了，后悔已迟。不诚信也许会在短期内给你带来一定的利益，但是假的就是假的，谎言就是谎言，必然付出巨大的代价，最终遭受损失的还是自己。弄虚作假、口是心非，就会处处碰壁，甚至无法立身处世。正如时间老人告诉我们的：没有诚信，快乐不长久，地位是虚假的，竞争也是失败的。所以，我们都要做一个诚信的人。

曾子杀猪

曾参是春秋末期鲁国有名的思想家、儒学家，是孔子门生中七十二贤之一。他学识渊博并且德行高尚。曾子杀猪就是关于他个人修养的故事。

一次，曾子的妻子要到集市上办事，孩子也吵着要去。妻子不愿带孩子去，便说："你在家好好等着，妈妈回来了，将家里的猪杀了，煮肉给你吃。"孩子便不再吵着去集市了。等妻子从集市回来后，曾参的妻子把这哄孩子的话早就忘了。

不料，曾参却真的把家里的一头猪杀了。妻子看到曾参把猪杀了，就质问他，怎么能当真杀猪呢。曾参说："孩子是不能欺骗的。孩子年纪小，不懂世事，只得向别人学习，尤其是以父母作为生活的榜样。今天你欺骗了孩子，等于是教他以后去欺骗别人。虽然做母亲的一时能哄得了孩子，但是过后他知道受了骗，就不会再相信母亲的话。这样，你就很难再教育好自己的孩子了。"

一诺千金

项羽手下有一个叫季布的人，特别讲信义。当时流传着一句谚语：“得黄金百（斤），不如得季布一诺。”他答应过的事，无论遇到什么困难，都会想方设法办到。

后来，刘邦打败项羽当上了皇帝，开始搜捕项羽的部下。季布曾经是项羽的得力干将，所以刘邦下令，谁要能将季布送到官府，就赏赐他一千两黄金。但是，季布重信义，深得人心。人们宁愿冒着被诛灭三族的危险为他提供藏身之所，也不愿意为赏赐的一千两黄金而出卖他。有个姓周的人得到了通缉季布的消息，秘密地将季布送到鲁地一户姓朱的人家。朱家很欣赏季布对朋友的信义，尽力将季布保护起来。不仅如此，他还专程到洛阳去找汝阴侯夏侯婴，请他解救季布。

夏侯婴从小与刘邦很亲近，后来为刘邦建立汉王朝立下了汗马功劳。他也很欣赏季布的信义，在刘邦面前为季布说情，终于使刘邦赦免了季布。不久刘邦还任命季布做了河东太守。后来人们就用“一诺千金”来形容一个人很讲信用，说话算数。

启迪　诚信做人要求我们信守诺言，言而有信，对人许诺要慎重，要衡量自己的实际能力。承诺一旦做出，就要努力兑现，切不要一味推诿，失信于人，这样才可以受到他人尊重和信任。曾子用自己的行动教育孩子要言而有信，诚实待人；诚信则成了季布的安身立命之本。

小男孩种树苗

一个小男孩身患脊髓灰质炎导致腿瘸了，牙齿也参差不齐，非常难看。他常觉得自己很不幸，于是很少与同学们游戏，老师叫他回答问题时，他也总是沉默不语。

一个春天，小男孩的父亲从邻居家讨了些树苗，想栽在房前。他叫孩子们每人栽一棵并许诺说，谁栽的树苗长得最好，就给谁买一件最喜欢的礼物。小男孩也想得到父亲的礼物，但看到兄妹们蹦蹦跳跳提水浇树的身影后，竟然希望自己栽的那棵早日死去。浇过一两次水后，他再也没去搭理小树苗。

几天过后，小男孩再去看他的小树苗时，却惊奇地发现它不仅没有枯萎，而且还长出了几片新叶子，与兄妹们种的树苗相比，显得更嫩绿，更有生气。父亲兑现了他的诺言，为小男孩买了一件他最喜爱的礼物，并对他说，从他栽的树来看，他长大后一定能成为一个出色的植物学家。从那以后，小男孩慢慢地变得乐观向上起来。

一天晚上，小男孩看着窗外那皎洁的月光，忽然想起生物老师曾说过的话：植物一般都在晚上生长。何不去看看自己种的那棵小树？当他轻手轻脚来到院子里时，却看见父亲用勺子在向自己栽种的那棵树下泼洒着什么。顿时，他明白了一切，原来父亲一直在偷偷地为自己栽种的那棵小树施肥！

他返回房间，任凭泪水打湿衣襟……

启迪 社会生活中，诚信做人还会面对各种复杂的情况，这需要我们具有诚信的勇气，学会诚信的智慧。在某些特定的情况下，为了维护对方的利益，真诚善意的掩饰更能体现对他人的关爱。父亲的谎言让小男孩乐观、自信起来，这是善良的谎言，背后体现

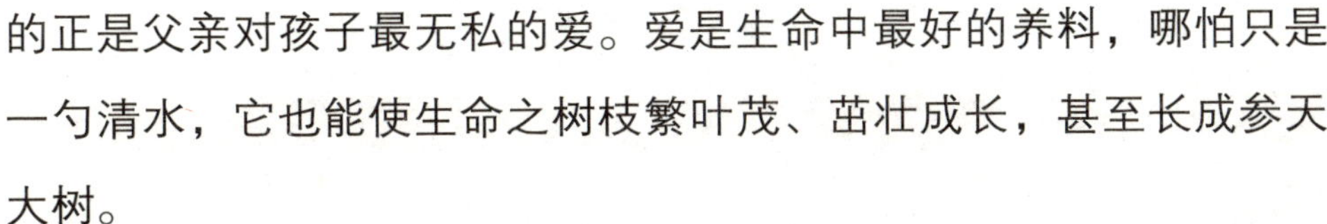

的正是父亲对孩子最无私的爱。爱是生命中最好的养料，哪怕只是一勺清水，它也能使生命之树枝繁叶茂、茁壮成长，甚至长成参天大树。

智慧悟语

诚信做人要求我们做到对他人诚实，不自欺，不欺人，不说违心话，不做违心事。但现实生活中，诚信危机在不断挑战着我们的承受极限，并不断扩散到我们身边的很多领域。在故事沙龙里我们感受到了诚信的价值、失信的代价、诚信的智慧。时代呼唤诚信，作为当代中学生，我们应该把诚信作为人生中的一个坐标，以至诚之心待人处世，以至信之德律言律行，诚实做事，诚信做人！当诚实守信在社会上蔚然成风，人与人之间便能少一分担心，多一分坦然。

尝试体验

1.诚信是公民基本道德规范和社会主义核心价值观的重要内容，诚信中国的建设需要你我他共同努力和参与。请大家分组搜集身边的诚信典型人物及事迹，在班级内分享。

2.请以“与诚信结伴而行”为主题，召开一次班级讨论会，找出同学们中存在的与诚信相悖的现象并分析原因，最后以“共筑诚信”为题写一篇小论文在班内交流。

拓展链接

1. 经典释读

真者，精诚之至也。不精不诚，不能动人。

——《庄子》

【释义】 成语“精诚所至，金石为开”即出自这里。这句话是在劝告人们真诚待人，真诚做事。

先王贵诚信。诚信者，天下之结也。

——《管子》

【释义】 诚信是凝聚人心、使天下人团结的纽带，如果失去了这根纽带，社会便会陷入无穷无尽的混乱之中。

2. 推荐观看

电影《信义兄弟》

春节前夕，建筑公司项目经理孙水林为给辛苦了一年的农民工兄弟发工资，带着现金、顶着风雪驱车往工地赶，不料途中遭遇车祸，车上一家四口全部罹难。弟弟孙东林得知哥哥一家遇难，心中万分悲痛。从事故现场回来后，他依照哥哥生前秉承的“今生不欠来生债，新年不欠旧年薪”的做人原则，决定替兄完成未竟的许诺。他四处筹款，准备在除夕之前把工资送到工友们手中。由于在车祸中遗失了账本，孙东林让工友们凭良心报账，就这样，在新年来临之前，60多名民工都如愿领到工钱，孙东林如释重负。兄弟俩的信义之举感动了人们，被人们称为“信义兄弟”。

第九单元　宽　容

在外交工作上，习近平主席以“容”理念处理对中国的不同声音和看法，以“宽容”“容人容物”为基本准则，尽力找到中国外交的最大公约数。国如此，民更应如此。宽容即耐心而毫无偏见地容忍与自己的观点或公认的观点不一致的意见。宽大有气量，不计较或不追究，能容忍别人。宽容是一种非凡的气度，宽广的胸怀；宽容是一种高贵的品质，崇高的境界；宽容是一种仁爱的光芒，无上的福分；宽容是一种生存的智慧，生活的艺术。它不仅包含着理解和原谅，更显示着气质和胸襟、坚强和力量。

主题导入

中国历史上著名的政治家李斯说："太山不让土壤，故能成其大；河海不择细流，故能就其深；王者不却众庶，故能明其德。"生活中我们每个人难免与别人产生摩擦、误会甚至仇恨，这时别忘了在自己心里装满宽容。因为，宽容是温暖明亮的阳光，可以融化人内心的冰点，让这个世界充满浓浓暖意；宽容更是人性中最美丽的花朵，可以慰藉人内心的不平，给这个世界带来幸福和希望。深邃的天空容忍了雷电风暴的肆虐，才有风和日丽；辽阔的大海容纳了惊涛骇浪的猖獗，才有浩渺无垠；苍莽的森林忍耐了弱肉强食的规律，才有郁郁葱葱。

故事沙龙

让人三尺又何妨

康熙年间，宰相张英的族人世代居住在桐城，他的府第与吴宅为邻。有一年，吴家建房子时占据了张家的空地，张家不服，双方发生了纠纷，互不相让，于是两家告到了县衙门。因为张吴两家都是显贵望族，县官左右为难，迟迟没判决。张英家人见有理难争，就写信向张英告知此事，想让宰相给家里撑腰。张英看完家书后，并不赞成家人为争夺地界而惊动官府的行为，于是便提笔在家书上批诗四句："一纸书来只为墙，让他三尺又何妨，长城万里今犹在，不见当年秦始皇。"寥寥数语，寓意深长。张家接到书信后，深感愧疚，便毫不迟疑地让出了三尺地。吴家见状，觉得张家有权有势，却不仗

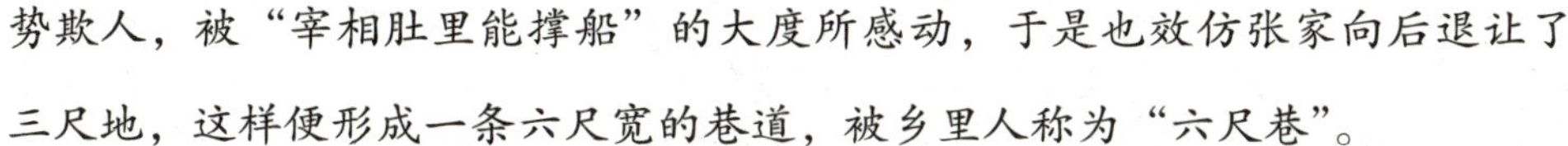

势欺人，被“宰相肚里能撑船”的大度所感动，于是也效仿张家向后退让了三尺地，这样便形成一条六尺宽的巷道，被乡里人称为“六尺巷”。

绝缨尽欢

楚庄王设酒宴赏赐他的群臣。天黑时，喝酒喝得兴致正浓，伺候的人大都醉了，大殿上的蜡烛也灭了，这时有人在暗中拉扯王后的衣服。王后摸到了他的帽缨给揪了下来，对楚庄王说：“这会蜡烛灭了，有人拉扯我的衣裳。我摸到他的帽缨并揪下来了。赶快叫人拿烛火来，看被揪了帽缨的是谁？”楚庄王令王后不要再提此事，而且还发出令来：“和我一起喝酒，不把帽缨揪下来，我就不高兴了。”于是，没有一个人有帽缨了，也就不知道被王后揪下帽缨的是谁了。这样，楚庄王又与群臣欢乐饮酒，直到宴会结束。

后来吴国兴兵攻打楚国，有一个人在战斗中常打头阵，五次冲锋打退敌人，还取到敌方将军的头献给楚庄王。楚庄王感到奇怪就问他：“我对你并没有什么特殊的恩宠，你为何对我这么好呢？”这人回答说：“我就是早先在殿上被揪下帽缨的那个人啊。当时就应该受刑而死，愧疚很久了，没能有所报效。现在有幸能做一个臣子理应做的事，还可以为您战胜吴国而使楚国强大。”

启迪 退一步海阔天空，张英“宰相肚里能撑船”的气度感动邻居，“六尺巷”的故事流传至今成为佳话；楚庄王的宽以待人、心胸开阔赢得人心，获得回报。在与人交往的过程中，我们一定要有一颗宽容之心，用宽容之心来对待别人，则能谅人之短，补人之过，彰显爱心与智慧，赢得更多的友谊，增加人与人之间的信任，形成互敬互爱的人际关系，促进社会和谐，提高社会文明程度。

母鸡的良苦用心

老母鸡认为她自己人生中最郑重的一件事情就是伏在窝里孵蛋。它喜滋滋地想着小鸡破壳而出时的情形。

没过几天，一只不知天高地厚的鸡蛋就发话了："好烦闷！其实你不伏在我身上，我也能变成小鸡仔。"

"千万不要这么说。"母鸡教训这只鸡蛋，"如果我不伏在你身上，你很快就会变成一枚臭蛋，哪来什么鸡仔？你还是老实一点好！"

这枚蛋不作声了。

可是，没过几天，它又喋喋不休地直嚷嚷："干吗非要在你翅膀下闷上21天呢？歇个一两天不孵我，我照样会充满活力。再说了，这样的话，你也乐得清闲啊！"

母鸡并不听它的话，仍一心一意地把它拢在翅膀下，给它无私的温暖。

鸭子见状，不解地对母鸡说："这枚蛋如此自以为是，不听劝告，你干吗不给它点颜色瞧瞧！放上一天不孵，让它冷静冷静。"

"身为母亲，我做不到啊！"母鸡皱起眉头说，"如果真像你说的那样给它点颜色，它的性命不就没了吗？"

宽容之心

海纳百川，有容乃大。很多名人面对棘手事件时，仍然表现出绅士风度，用自己的宽容之心对待他人的恶意攻击。

一天，美国总统林肯出席某会议，有反对派当面讽刺他是个两面派。林肯指着自己那张平凡之至，甚至有些难看的脸说：“如果我真有‘两面’的话，你觉得我会戴着这张脸出来吗？”

英国首相丘吉尔在出席一次质询会议时，有位嚣张的女议员指着他破口大骂道：“如果我是你太太，我一定会在你的咖啡里下毒！”丘吉尔淡淡地看了她一眼，不慌不忙地回答道：“如果我是你丈夫，我一定将此咖啡一饮而尽。”

大文豪萧伯纳演讲时，听众中有一位文学批评家揶揄他简直就是一头驴，谁知他却立即致谢，感谢对方如此赞美自己。“众所周知，驴有谦逊、质朴、勤勉和知足的特性，对粗食与轻视都能泰然处之，没有任何一个人会因为被赞美有这样的特质而动怒。”他说。

启迪　宽容是一种博大的情怀，生活的艺术。故事中母鸡对待鸡蛋的发问，林肯、丘吉尔和萧伯纳对待别人指责的态度，让我们看到了宽容是一种非凡的气度、宽广的胸怀，是对人对事的包容和接纳；是一种高贵的品质、崇高的境界，是精神的成熟、心灵的丰盈。如果别人的指责是正确的，那就正是我们进步的良机，我们应该给予感谢；如果别人的指责是错误的，那它改变不了我们一丝一毫，我们应该宽容一笑，不予理睬。机智幽默的宽容不是软弱，它彰显的是卓识、心胸和人格力量。

控制好自己的坏脾气

从前，有个脾气很坏的小男孩。一天，父亲给了他一大包钉子，要求他每发一次脾气都必须用铁锤在后院的栅栏上钉一颗钉子。第一天，小男孩在栅栏上钉了37颗钉子。

过了几个星期，由于学会了控制自己的愤怒，小男孩每天在栅栏上钉钉子的数量逐渐减少了。他发现控制自己的坏脾气比往栅栏上钉钉子要容易多了……最后，小男孩变得不爱发脾气了。

他把自己的转变告诉了父亲。他父亲又建议说："如果你能坚持一整天不发脾气，就从栅栏上拔下一颗钉子。"经过一段时间，小男孩终于把栅栏上所有的钉子都拔掉了。

父亲来到栅栏边，对男孩说："儿子，你做得很好。但是，你看钉子在栅栏上留下那么多小孔，栅栏再也不是原来的样子了。当你向别人发过脾气之后，就会在人们的心灵上留下疤痕，就好比用刀子刺向了某人的身体，然后再拔出来。无论你说多少次对不起，那伤口都会永远存在，都不能弥补你对对方的伤害。所以，口头上的伤害与肉体的伤害没什么两样。"

启迪 学会宽容需要我们换位思考，在觉得对方不可理喻的时候，学会站在对方的立场上，以他的思维方式或思考角度来考虑问题，这样就会真切理解他此时此刻的感受，情绪就会变得平静下来，你也会变得豁达。故事中父亲的这句"无论多少次对不起……都不能弥补你对对方的伤害"说得对极了。人的心灵是很脆弱的，很容易被刺伤。可能一句尖刻的话就可以使对方感到莫大的痛苦。所以，当与人发生摩擦时，我们应学会换位思考，学会管理好自己的情绪和脾气，合理宣泄，宽容待人。

给别人一个纠错的机会

这是一个关于手机的美丽故事。一天傍晚，在一个规模不大的快餐厅里，总共有三个食客：我和一个老人、一个年轻人。或许是食客不多的缘故，餐厅里的照明灯没有完全打开，所以显得有些昏暗。我坐在一个靠窗的角落里独自小酌，年轻人则手捧一碗炸酱面，坐在靠近门口的位置，与老人相邻。我发现，年轻人的注意力似乎不在面上，因为他眼睛的余光，一刻都未曾离开过老人在桌边的手机。事实证明了我的判断。我看到，当那个老人再次侧身点烟的时候，年轻人的手快速而敏捷地伸向手机，并最终将手机装进他上衣的口袋里，然后试图离开。老人转过身来，很快发现手机不见了。他的身体微微颤抖了一下，然后立即平静下来，环顾四周。这时候年轻人已经在伸手开门，老人也似乎明白了什么，马上站立起来，走向门口的年轻人。

我很替老人担心。我认为，他很难对付一个身强体壮的年轻人。没想到，老人却说："小伙子，你等一下。"年轻人一愣："怎么了？"

"是这样，昨天是我七十岁的生日，我女儿送给我一部手机，虽然我不喜欢它，可那毕竟是女儿的一番孝心。我刚才就把它放在了桌子上，可是现在它不见了，我想它肯定是被我不小心碰到了地面上。我的眼花得厉害，再说弯腰对我来说也不是件太容易的事，能不能麻烦你帮我找一下？"

年轻人刚才紧张的表情消失了，他擦了一把额头上的汗，对老人说："哦，您别着急，我来帮您找找看。"年轻人弯下腰去，沿着老人的桌子转了一圈，又转了一圈，然后把手机递过来："老人家，您看，是不是这个？"老人紧紧握住年轻人的手，激动地说："谢谢！谢谢你！真是不错的小伙子！你可以走了。"

我被眼前的一幕惊呆了。待年轻人走远之后，我过去对老人说："您本来已经确定手机就是他偷的，却为什么不报警？"老人的回答使我回味悠长，他说："我想他拿我的手机一定有不得已的原因，所以我给了他一次改过的机会。虽然报警同样能够找回手机，但是我在找回手机的同时，也将失去一种比手机要宝贵千倍万倍的东西，就是宽容。"

启迪 我们立身处世要有清浊并容的雅量。不仅对待亲人和朋友，对待陌生人也应存仁爱之心，持宽容态度与之融洽相处。老人的宽容大度让我们感动，也让我们钦佩。也许对老人来说，这是他的小小举动，但对年轻人来说，意义却非凡。宽在前，宽为因；容在后，容为果。我们都愿意相信，年轻人会因为老人的宽容善举而有所感动、有所改变。让我们珍惜人性的美好，生命的美丽。

智慧悟语

宽以待人就应具备宽广的胸襟，要学会容忍别人一时之错，得饶人处且饶人。古今中外的各种宽容故事让我们进一步感受到了宽容是人与人交往的一种艺术，是一种处事的态度，是一种修养，一种度量，一种成熟，一种境界，一种精神。人心不是靠武力征服的，而是靠爱和宽容大度征服的。一个拥有博大胸襟与高尚品德的人，不断进取，宽厚待人，自然会得到众人的敬佩与支持，进而取得巨大成功。作为一个新时代的青少年，要有海洋一样的胸怀，足以容纳百川，要有换位思考，理解、尊重和谅解他人的能力和力量。只有具备这样的气质、胸襟和容量，才可能成为一个宽容之人，学会做人和处世。

尝试体验

1.请大家制作一张致谢卡或者致歉卡，向在合作中真心原谅过自己的人致谢或向被自己无意或者有意伤害过的人致歉。制作完成后，将卡片送给需要感谢或者致歉的人。

2.心理小测试：测测你的宽容度。

要求：

(1) 请首先对下列问题做出“是”或“否”的选择。

有很多人总是故意跟我过不去。

碰到熟人，当我向他打招呼而他视若无睹时，最令我难堪。

我讨厌和整天沉默寡言的人一起生活、工作。

有的人哗众取宠，说些浅薄无聊的笑话，居然能博得很多人的喝彩。

生活中充满庸俗趣味的人比比皆是。

和目中无人的人一起共事真是一种痛苦。

有很多人自己不怎么样却总是喜欢嘲讽他人。

我不能理解为什么自以为是的人总能得赏识。

有的人笨头笨脑、反应迟钝，真让人窝火。

我不能忍受上课时老师为迁就差生而把讲课的速度放慢。

有不少人明明方法不对，还非要别人按着他的意见行事。

和事事争强好胜的人待在一起使我感到紧张。

我不喜欢独断专行的人。

有的人成天牢骚满腹，而我觉得这种处境全是他们自己造成的。

和怨天尤人的人打交道使自己的生活也变得灰暗。

有不少人总喜欢对别人的工作百般挑剔，而不顾及别人的情绪。

当我辛辛苦苦做完一件事却得不到别人的认可和赞赏时，我会大发雷霆。

有些蛮横无理的人常常事事畅通无阻，这真令我看不惯。

(2) 每答“是”1次记1分，答“否”记0分。各题得分相加，统计总分。13~18分，说明你需要在生活中加强自己的灵活性，培养宽容精神；7~12分，表明你具有常人的心态，尽管时时碰到难相处的人，有时也会被他们的态度所激怒，但总的来说尚能容忍；0~6分，说明外界的纷繁复杂很难左右你平和的心态。

拓展链接

1. 经典释读

敦兮其若朴，旷兮其若谷。

——《老子》

【释义】 他敦厚质朴啊，像原木未被雕琢。他胸襟豁达啊，像幽谷一样空旷。老子形象地描绘了善为士者的精神风貌、人格修养和心理素质。

东海广且深，由卑下百川；五岳虽高大，不逆垢与尘。

——曹植《当欲游南山行》

【释义】东海之水宽广深邃，是因为它谦恭地接受每一条河流；五岳山形高大，是因为它不放弃每一点灰土尘埃。

2. 推荐阅读

《学会宽容》 作者：苏隶东

本书阐述了宽容是一种智慧和力量，是对生命的洞悉，是成长的绿荫，更是家庭幸福的秘诀。常用宽容的眼光看世界，事业、家庭和友谊才能稳固和长久。当你学会了宽容，便能领悟生命的真谛，洞察人性的弱点，走出生命的盲区，成为生活的智者。

3.推荐观看

(1) 电视剧《都挺好》

本剧讲述了苏家在苏母离世后家庭成员的矛盾及和解。从中可以体会到家庭成员间的亲情回归和包容爱护。

(2) 电影《雨人》

讲述青年查理为占据父亲留给患有自闭症的哥哥雷蒙的遗产，担任其监护人。只重利益的查理在与哥哥的接触中，渐渐学会了关心人、爱护人，并开始反思自己，释怀对父亲的恨，后来对父亲宽容与理解。

第十单元 感 恩

“感恩”二字，《现代汉语词典》给出的释义是：“对别人所给的恩惠表示感激。”感恩就是带着一颗真诚的心去报答感谢别人，是在别人对你进行无私帮助后你给予的真心回报，是一个没有关系或者关系不够亲密的人给予你帮助后你所产生的一种温暖感动、想要自发回馈的心理。它不是一种心理安慰，也不是对现实的逃避，更不是阿Q的“精神胜利法”，而是一种歌唱生活的方式，来自对生活的爱与希望，是一条人生基本的准则，是一种人生质量的体现。

主题导入

习近平总书记曾说："有一颗感恩的心很重要，所有的人都要有感恩的心。"感恩是生活中的大智慧，能使我们感受到大自然的美妙、生活的美好，能让我们保持积极、健康、阳光的良好心态。人生在世，不可能一帆风顺，种种失败、无奈都需要我们勇敢地面对、旷达地处理。当挫折、失败来临时，是一味埋怨生活，消沉、萎靡不振，还是对生活满怀感恩，跌倒了再爬起来？只要拥有一颗感恩的心，触摸到的就会是生活的暖意，感受的就会是人生的恩赐。懂得感恩的心灵，是存在于这个世界的最美的心灵；懂得感恩的生命，是行走在这个世界上最值得敬重的生命。生活中我们应该学会感恩，感激祖国给了我们和平，感激父母给了我们生命，感激他人给了我们帮助……生活中需要感恩的事情很多，常怀感恩之心，才能体会人生的幸福和快乐。

故事沙龙

一碗暖心的馄饨

一碗热腾腾的馄饨在某些人眼里很平常，但是对于一个离家出走且一天没吃东西的小女孩来说是非常珍贵的。

那天，她与母亲争吵后便离家出走。一天没吃东西、饥饿难耐的她，来到一个面摊前。摆摊的老婆婆送给她一碗馄饨。小女孩吃着馄饨，眼泪就掉了下来，纷纷落到碗里。她对老婆婆说：“我们并不认识，您却对我这么好，愿意煮馄饨给我吃，可是我自己的妈妈，我跟她吵架，她竟然把我赶了出来，还叫我再也不要回去！”老婆婆听了，平静地说道：“孩子，我只不过给你煮了一碗馄饨，你就这么感激我，而你妈妈给你煮了十多年的饭，你为什么不感激她，还跟她吵架呢？”小女孩愣住了，匆匆吃完馄饨便往家走。当走到家附近时，她看到焦虑不安的母亲正站在门口张望……

启迪 我们每一个人都应该用自己真诚的一颗心，去对待曾经帮助过你的另一颗心，这就是感恩。小女孩对老婆婆的一碗馄饨感激不尽，是一种感恩的表现，但对妈妈十多年的养育之恩却熟视无睹，这又是一种不懂感恩的表现。对于我们，学会感恩首先让我们学会感恩自己的父母，感念父母对我们生命的赐予，感谢父母对我们的无私付出和养育之恩。

知恩图报的狮子

从前，有一只狮子在森林中迷了路，正当它徘徊的时候，一根长刺扎进了它的爪子。由于没能拔出这个刺，过了不久，伤口化脓，狮子瘸了，十分痛苦。游荡了很久之后，它遇到了一个牧人。它摆动着它的尾巴，走上前去，把那只爪子抬了起来。牧人吓坏了，急忙牵来他的羊想哄住狮子。可是这只狮子并不需要食物，而是想让牧人治疗它的疼痛，因此它把爪子放到牧人的面前。见到那个化脓的伤口，牧人便从口袋里掏出一把锋利的刀，切开脓肿，取出了棘刺。狮子消除了疼痛，感激地舔了舔牧人的手，然后跟他待了一会儿，直到爪子感觉好些了，才起身走了。

过了些时候，狮子被人捕住并被送往竞技场，在那里犯人将被扔到它的面前，随它处置。碰巧的是，那个牧人尽管无辜，没犯任何罪，却被判处了死刑，将被扔到竞技场里一只野兽的面前。

那只狮子刚被放进竞技场，牧人便被赶了进来。那猛兽狂怒地扑向它的猎物，然而，当它认出牧人的时候，就跑到他的面前，舔起他的手来。然后，它抬起头，向着观众大吼了一声，接着平静地坐在了牧人的身边。

直到这个时候，牧人才认出，这就是很久以前他在森林中帮助过的那只狮子。突然，竞技场里又放进了两只狮子。可是牧人的朋友拒绝离开他，并且轰走了另外两只狮子。牧人对大家讲了这件怪事的原因，前来观看竞技的观众要求赦免牧人，并且恢复狮子的自由。就这样，狮子返回了森林，牧人也返回了家园。

九色鹿

在荒无人烟的戈壁滩上，波斯商人的骆驼队因遇风沙袭击而迷路，忽然出现一头九色神鹿给他们指点方向。九色鹿回到森林中，听见有人呼救。原来一个弄蛇人在采药时不慎落水。九色鹿忙将他驮上岸。弄蛇人感恩不尽，九色鹿只求他别将遇见它的事告诉别人。弄蛇人连连答应，还对天起誓。波斯商人到了故国皇宫，与国王谈起沙漠中的奇遇，谁知王后听了，执意要取九色鹿皮做衣裳。国王无奈，张贴布告：捕到九色鹿者给予重赏。弄蛇人见利忘义，向国王告密，并设计将九色鹿引入包围圈。当他假装再次落水，神鹿闻声赶来救他时，守候的武士们万箭齐发。谁知九色鹿发出神光，利箭都被化为灰烬。九色鹿向国王揭露弄蛇人忘恩负义的丑恶行为，国王深为不安。弄蛇人吓得胆战心惊，连连后退，跌进深潭淹死，恶人终究得到了应有的惩罚。

启迪 感恩是一个温暖的字眼，每一个人都感恩过和被感恩过，都感受过感恩和被感恩时所得到的快乐。不懂得感恩甚至恩将仇报的人也不会有好的结果。牧人无私地帮助了狮子，并因为狮子的感恩图报而脱离困境；弄蛇人得到了九色鹿的帮助，却因为贪婪而违背诺言并受到惩罚。别人帮助了我们，我们一定要懂得感恩。像弄蛇人这种背信弃义、恩将仇报的可耻行径就应该受到世人的强烈谴责！

一份迟到的欠款

1971年，仅5个月大的卢俊不幸感染了严重肺炎。他父母带着他来包头市治疗。可是由于家境贫困，在第14天康复出院时，欠了医院30元医疗费。而医院并没有为难他们，直接减免了这部分费用。

时隔36年，卢俊的母亲却始终念念不忘当年那笔欠款。每到重大节日及家庭聚会，都要讲一讲这段故事，告诫孩子们要知恩图报。她再三嘱咐儿子卢俊一定要找到那个医院翻倍补上当年的欠款。

卢俊说："我的父母一提起这件事就哭鼻子。母亲说医院救了我的命，因为那时候经济困难，欠了医院30块钱，一直觉得对不起医院，想补给医院。"

36年，包头市已发生历史巨变。卢俊历经周折，终于找到了包头市医学院第一附属医院。医院党委书记米占魁说："卢俊要交3万块钱，抵消当年的30块钱。医院表示不能把当年的30块钱和现在的3万块钱画等号。可是小伙子坚持要留下这笔钱。最后我只好把他领到财务，交了3000块钱，并给他开了收据。”

卢俊的感恩善行感动了医院，医院决定把卢俊一家还给医院的3000元钱捐献给亟待救治的来自内蒙古的76岁贫困农民贾来钱老人。受到捐助的贾来钱老人顺利接受了安装永久性起搏器心脏手术治疗，并为此深受感动。他说："现在人家捐的钱用到我身上，以后我们宽裕了，我们把钱再拿回来，用在别的困难的人身上。"

"医药费"＝"一杯牛奶"

一天，一个贫穷的小男孩为了攒够学费正挨家挨户地推销商品。劳累了一整天的他此时十分饥饿，但摸遍全身，却只有一角钱。怎么办呢？他决定向下一户人家讨口饭吃。当一位美丽的年轻女子打开房门的时候，这个小男孩却有点羞愧难当了。他没有要饭，只乞求给一口水喝。这位女子看到他很饥饿的样子，就拿了一大杯牛奶给他。男孩慢慢地喝完牛奶，问道："我应该付多少钱？"年轻女子回答道："一分钱也不用付。妈妈教导我们，施以爱心，不图回报。"男孩说："那么，就请接受我由衷的感谢吧！"

说完小男孩离开了这户人家，此时，他感到自己浑身是劲，那种男子汉的豪气像山洪一样迸发出来。其实，男孩本来是打算退学的。

数年之后，那位年轻女子得了一种罕见的重病，当地的医生对这种病束手无策。最后，她被转到大城市医治，由专家会诊治疗。当年的那个小男孩如今已是霍华德·凯利医生了，他参与了医治方案的制定。当天看到病历上所写的病人的来历时，一个奇怪的念头霎时间闪过他的脑际。他马上起身直奔病房。

来到病房，凯利医生一眼就认出床上躺着的病人就是那位曾帮助过他的恩人。他回到自己的办公室，决心一定要竭尽所能来治好恩人的病。从那天起，他就特别地关照这个病人。经过艰难努力，手术成功了。凯利医生要求把医药费通知单送到他那里，在通知单的旁边，他签了字。

当医药费通知单送到这位特殊的病人手中时，她不敢看，因为她确信，治病的费用将会花去她的全部家当。最后，她还是鼓起勇气，翻开了医药费通知单。通知单费用明细旁边的一行小字引起了她的注意，她不禁轻声读了出来："医药费——一满杯牛奶。"

启迪 我们每个人在生活的旅程中，都会得到别人的帮助，接受他人的恩惠。我们应该心存感恩之情，并通过自己十倍、百倍的付出，用实际行动予以报答。这样，生活在我们眼里才会越来越美好。医院免除30元的医疗费，让卢俊的父母感恩终生，并将爱心传递；年轻女子的一杯牛奶换来曾经贫穷无助的凯利医生一生的感激。受人的恩惠，切莫忘记，哪怕所受的恩惠非常微小，到我们有能力时，应该尽自己所能报答施惠的人，因为当人处于困境或者遇到困难时，即使一点点帮助也是难能可贵的。

智慧悟语

当我们懂得了感恩，也要学会报恩。"故事沙龙"里，我们看到了各种各样的感恩故事，更深刻理解到感恩是一种付出。当我们无私奉献自己的爱，收获的将是别人的感动和铭记，还有自己一颗满足而幸福的心。你感恩生活，生活将赐予你灿烂的阳光；你不感恩，只知一味地怨天尤人，最终可能一无所有！年轻人要学会感恩，为自己已有的而感恩，感谢生活给予你的一切。学会尊重他人，对他人的帮助时时怀有感激之心，并力争将感恩化作一种充满爱意的行动，实践于生活中。这样你才会有一个积极的人生观，才会有一种健康的心态。

尝试体验

1. 比一比

请用“发现的眼睛”寻找发生在我们身边有关感恩的故事，然后在小组中交流。看谁找到的故事最多。

2. 说一说

感恩________，因为____________________；

感恩________，因为____________________；

感恩________，因为____________________；

感恩________，因为____________________。

3. 组织一次护蛋活动

要求：

(1) 每个同学准备一个生鸡蛋。这个生鸡蛋在这里被当作一个小生命，同学们就是这个“蛋宝宝”的“蛋妈妈”。每个同学给“蛋宝宝”取一个好听的名字。

(2) 除体育课、广播体操的时间，要求同学们平时要时时刻刻把鸡蛋带在身上。

(3) 在“护蛋行动”过程中，要及时记录自己的护蛋感受和思考。

(4) 要以热情认真的态度参与本次活动，不要把它当成游戏，并且不能蓄意破坏自己或别人的蛋。

(5) 活动完成后，写出自己的活动感受，并在班内交流。

拓展链接

1.经典释读

鸦有反哺之义，羊有跪乳之恩。

——《增广贤文》

【释义】 小乌鸦有衔食喂母鸦的情义，羊羔有跪下接受母乳的感恩举动，做子女的更要懂得孝顺父母。

滴水之恩，当涌泉相报。

——《增广贤文》

【释义】 在困难的时候即使受人一点小小的恩惠，以后也应当加倍报答。

2.歌曲赏析

《感恩的心》（曲：陈志远　词：陈乐融）

歌词：我来自偶然，像一颗尘土，有谁看出我的脆弱。我来自何方，我情归何处，谁在下一刻呼唤我。天地虽宽，这条路却难走，我看遍这人间坎坷辛苦。我还有多少爱，我还有多少泪，要苍天知道我不认输。感恩的心，感谢有你，伴我一生，让我有勇气做我自己。感恩的心，感谢命运，花开花落我一样会珍惜。

3.推荐阅读

《妈妈别哭，有我在》　作者：尚阳

本书讲述了小学四年级学生丁丁在学校和家庭中发生的各种有趣的故事。

书中记录了他如何从一个调皮的小男孩变成一个小男子汉的成长经历，以及他怎样逐步懂得了照顾妈妈、帮助同学、爱护小动物。通过阅读，可以明白要用一颗感恩的心来拥抱每一天的生活。

4.推荐观看

(1) 电影《背起爸爸上学》

影片主要讲了农村孩子石娃自小丧母，与父亲和姐姐相依为命。石娃刻苦读书，并考取了省城师范学校。但此时，父亲却在干活时不幸摔伤，瘫痪在床。石娃为了既照顾好父亲，回报父恩，又不耽误学业，决定背起爸爸上学。一个山区的苦孩子，他瘦弱的身躯背起的不仅仅是一个生病的父亲，更是一个沉重而又充满希望的未来。

(2) 电影《放牛班的春天》

影片讲述的是一位怀才不遇的音乐老师马修来到辅育院，他面对的不是普通学生，而是一群被大人放弃的野男孩，最终他改变了孩子以及他自己的命运的故事。从中我们可以感受到马修老师对孩子们的爱与理解，孩子们对老师的尊敬与感恩。